A PSICOLOGIA DA CRIANÇA

De Jean Piaget:

O Estruturalismo

JEAN PIAGET
&
BÄRBEL INHELDER

A PSICOLOGIA DA CRIANÇA

15ª EDIÇÃO

Tradução
OCTAVIO MENDES CAJADO

Rio de Janeiro | 2025

Copyright © by Presses Universitaires de France, Paris

Título original: *La psychologie de l'enfant*

Capa: V06 – Yomar Augusto

Editoração: DFL

2025
Impresso no Brasil
Printed in Brazil

> CIP-Brasil. Catalogação na fonte
> Sindicato Nacional dos Editores de Livros, RJ.
>
> P642p
> 15ª ed.
>
> Piaget, Jean, 1896-1980
> A psicologia da criança / Jean Piaget & Bärbel Inhelder; tradução Octavio Mendes Cajado. – 15ª ed. – Rio de Janeiro: Difel, 2025.
> 144p.
>
> Tradução de: La psychologie de l'enfant
> Inclui bibliografia
> ISBN 978-85-7432-052-6
>
> 1. Psicologia infantil. I. Inhelder, Bärbel, 1913-1997. II. Título.
>
> 03-1044
>
> CDD – 155.4
> CDU – 159.922.7

Todos os direitos reservados pela
DIFEL – selo editorial da
EDITORA BERTRAND BRASIL LTDA.
Rua Argentina, 171 – 3º andar – São Cristóvão
20921-380 – Rio de Janeiro – RJ
Tel.: (021) 2585-2000

Não é permitida a reprodução total ou parcial desta obra, por quaisquer meios, sem a prévia autorização por escrito da Editora.

Atendimento e venda direta ao leitor:
sac@record.com.br

SUMÁRIO

INTRODUÇÃO 7

CAPÍTULO I — *O Nível Sensório-Motor* 11
I. A inteligência sensório-motora, 12. — II. A construção do real, 19. — III. O aspecto cognitivo das reações sensório-motoras, 24. — IV. O aspecto afetivo das reações sensório-motoras, 25.

CAPÍTULO II — *O Desenvolvimento das Percepções* 33
I. Constâncias e causalidades perceptivas, 34. — II. Os efeitos de campo, 38. — III. As atividades perceptivas, 42. — IV. Percepções, noções e operações, 45.

CAPÍTULO III — *A Função Semiótica ou Simbólica* 51
I. A função semiótica e a imitação, 51. — II. O jogo simbólico, 56. — III. O desenho, 61. — IV. As imagens mentais, 65. — V. A memória e a estrutura das lembranças-imagens, 74. — VI. A linguagem, 78.

CAPÍTULO IV — *As Operações "Concretas" do Pensamento e as Relações Interindividuais* 85
I. Os três níveis da passagem da ação à operação, 86. — II. A gênese das operações "concretas", 87. — III. A representação do universo. Causalidade e acaso, 99. — IV. As interações sociais e afetivas, 103. — V. Sentimentos e julgamentos morais, 110. — VI. Conclusão, 115.

CAPÍTULO V — *O Pré-Adolescente e as Operações Proposicionais* 117
I. O pensamento formal e a combinatória, 118. — II. O "grupo" das duas reversibilidades, 122. — III. Os esquemas operatórios formais, 125. — IV. A indução das leis e a dissociação dos fatores, 129. — V. As transformações afetivas, 132.

CONCLUSÃO — *Os Fatores do Desenvolvimento Mental* 135

BIBLIOGRAFIA SUMÁRIA 143

INTRODUÇÃO

A psicologia da criança[1] estuda o crescimento mental ou, o que vem a dar no mesmo, o desenvolvimento das condutas (isto é, dos comportamentos, incluindo a consciência), até a fase de transição constituída pela adolescência, que marca a inserção do indivíduo na sociedade adulta. O crescimento mental não se pode dissociar do crescimento físico, notadamente da maturação dos sistemas nervoso e endócrino, que se estende até cerca dos 16 anos. Disso resulta que, para compreender o crescimento mental, não basta remontar ao nascimento, pois existe uma embriologia dos reflexos (Minkowski) que interessa à motricidade do feto, e já se invocaram as condutas pré-perceptíveis deste em domínios como os da percepção da causalidade táctil-cinestésica (Michotte).[2] Disso resulta também, de um ponto de vista teórico, que a psicologia da criança deve ser considerada como o estudo de um setor particular da embriogenia geral, que se estende muito além do nascimento e engloba todo o crescimento, orgânico e mental, até a chegada do estado de equilíbrio relativo, que constitui o nível adulto.

Somente as influências do meio adquirem importância cada vez maior a partir do nascimento, tanto, aliás, do ponto de vista orgânico quanto do

---

[1] Este trabalho quer ser uma síntese de diferentes obras sobre a psicologia da criança, incluindo as nossas (sem compromisso, aliás, quanto às proporções). Em relação a estas, o leitor sentirá, sem dúvida, uma impressão de repetição um tanto enfadonha. Tomamos, entretanto, a liberdade de assinalar duas novidades neste particular: esta exposição é, ao mesmo tempo, breve e simples, o que constitui, aliás, os seus dois únicos méritos.
Os nossos agradecimentos às *Presses Universitaires de France* por nos haverem persuadido a escrever este resumo, no qual nunca teríamos pensado sozinhos.
[2] A. Michotte, *La perception de la causalité*, Publications Universitaires de Louvain, 2ª edição, 1954.

mental. A psicologia da criança não poderia, portanto, recorrer apenas a fatores de maturação biológica, visto que os fatores que hão de ser considerados dependem assim do exercício ou da experiência adquirida como da vida social em geral.

A psicologia da criança estuda a criança por si mesma em seu desenvolvimento mental. Convém, nesse sentido, distingui-la da "psicologia genética", embora constitua o instrumento essencial desta. Notemos, em primeiro lugar, para dissipar todo e qualquer equívoco na terminologia, que a palavra "genética", utilizada na expressão "psicologia genética", foi introduzida pelos psicólogos desde a segunda metade do século XIX, isto é, antes que os biólogos a empregassem em sentido mais restrito. Na linguagem atual dos biólogos, a "genética" refere-se exclusivamente aos mecanismos da hereditariedade, em oposição aos processos embriogenéticos ou ontogenéticos. Pelo contrário, o termo de "psicologia genética" refere-se ao desenvolvimento individual (ontogenia). Dito isto, talvez nos sentíssemos tentados a considerar as expressões "psicologia da criança" e "psicologia genética" como sinônimas, mas uma nuança importante as estrema: se a psicologia da criança estuda a criança por si mesma, tende-se hoje, pelo contrário, a chamar "psicologia genética" à psicologia geral (estudo da inteligência, das percepções etc.), mas na medida em que procura explicar as funções mentais pelo seu modo de formação e, portanto, pelo seu desenvolvimento na criança; por exemplo, depois de haver estudado os raciocínios, as aperações e estruturas lógicas apenas no adulto, por conseguinte em estado acabado e estático, o que levou certos autores (Denkpsychologie alemã) a enxergar no pensamento um "espelho da lógica", os estudiosos acabaram perguntando se a lógica era inata ou resultava de uma construção progressiva etc.: para resolver tais problemas, recorre-se, então, à criança e, por isso mesmo, a psicologia da criança é promovida à categoria de "psicologia genética", isto é, torna-se instrumento essencial de análise explicativa, para resolver problemas da psicologia geral.

A importância atualmente adquirida pelo método genético em todos os setores da psicologia (pense-se, por exemplo, no papel considerável atribuído à infância pela psicanálise) tende, assim, a conferir à psicologia da criança uma espécie de posição chave nos domínios mais diversos. É, portanto, do ponto de vista da psicologia genética que nos colocaremos neste trabalho: se a criança apresenta grandíssimo interesse por si mesma, a isso deve acrescentar-se, na verdade, o fato de que a criança explica o homem tanto quanto o homem explica a criança, e não raro ainda mais, pois se o homem educa a criança por meio de múltiplas transformações sociais, todo adulto, embora criador, começou, sem embargo, sendo criança; e isso tanto nos tempos pré-históricos quanto hoje em dia.

CAPÍTULO I

O NÍVEL SENSÓRIO-MOTOR

Se a criança explica em parte o adulto, podemos dizer também que cada período do desenvolvimento anuncia, em parte, os períodos seguintes. Isto é particularmente claro no que concerne ao período anterior à linguagem. Pode-se chamar-lhe período "sensório-motor" porque, à falta de função simbólica, o bebê ainda não apresenta pensamento, nem afetividade ligada a representações que permitam evocar pessoas ou objetos na ausência deles. A despeito, porém, dessas lacunas, o desenvolvimento mental no decorrer dos dezoito primeiros meses[3] da existência é particularmente rápido e importante pois a criança elabora, nesse nível, o conjunto das subestruturas cognitivas, que servirão de ponto de partida para as suas construções perceptivas e intelectuais ulteriores, assim como certo número de reações afetivas elementares, que lhe determinarão, em parte, a afetividade subseqüente.

---

[3] Notemos, de uma vez por todas, que cada uma das idades indicadas nesta obra é sempre uma idade média e, ainda assim, aproximativa.

I. — A inteligência sensório-motora

Sejam quais forem os critérios de inteligência que se adotarem (tacteio dirigido, segundo Claparède, compreensão súbita ou *insight*, segundo W. Köhler ou K. Bühler, coordenação dos meios e dos fins etc.), toda a gente admite a existência de uma inteligência antes da linguagem. Essencialmente prática, isto é, tendente a resultados favoráveis e não ao enunciado de verdades, essa inteligência nem por isso deixa de resolver, finalmente, um conjunto de problemas de ação (alcançar objetos afastados, escondidos etc.), construindo um sistema complexo de esquemas de assimilação, e de organizar o real de acordo com um conjunto de estruturas espácio-temporais e causais. Ora, à falta de linguagem e de função simbólica, tais construções se efetuam exclusivamente apoiadas em percepções e movimentos, ou seja, através de uma coordenação sensório-motora das ações, sem que intervenha a representação ou o pensamento.

1. *Estímulo-resposta e assimilação*. — Mas, se existe uma inteligência sensório-motora, é dificílimo precisar o momento em que ela aparece. Mais precisamente, a questão não tem sentido, pois a sua solução depende sempre da escolha arbitrária de um critério. O que de fato se dá é uma sucessão notavelmente contínua de estádios, cada um dos quais assinala um novo progresso parcial, até o momento em que as condutas alcançadas apresentam características que psicólogos reconhecem como sendo as da "inteligência" (pois todos os autores estão concordes no que diz respeito à atribuição do qualificativo ao último, pelo menos, desses estádios, que ocorre entre os 12 e os 18 meses). Assim é que dos movimentos espontâneos e do reflexo aos hábitos adquiridos e destes à inteligência há progressão contínua, consistindo o verdadeiro problema em atingir o mecanismo da própria progressão.

Para muitos psicólogos, esse mecanismo é o da *associação*, que permite acrescentar, por via cumulativa, os condicionamentos aos reflexos e muitas

A PSICOLOGIA DA CRIANÇA 13

outras aquisições aos próprios condicionamentos: toda aquisição, da mais simples à mais complexa, deveria, dessarte, ser compreendida como resposta aos estímulos exteriores e resposta cujo caráter associativo exprime uma subordinação pura e simples das ligações adquiridas às ligações exteriores. Um de nós[4] supôs, ao contrário, que esse mecanismo consistia numa *assimilação* (comparável à assimilação biológica em sentido lato), isto é, que toda ligação nova se integra num esquematismo ou numa estrutura anterior: a atividade organizadora do sujeito deve ser, então, considerada tão importante quanto as ligações inerentes aos estímulos exteriores, pois o sujeito só se torna sensível a estes últimos na medida em que são assimiláveis às estruturas já construídas, que eles modificarão e enriquecerão em função das novas assimilações. Em outros termos, o associacionismo concebe o esquema estímulo-resposta numa forma unilateral E → R, ao passo que o ponto de vista da assimilação supõe uma reciprocidade E ⇆ R, ou, o que vem a dar no mesmo, a intervenção das atividades do sujeito ou das do organismo[5] *Og*, ou seja, E → (*Og*) → R.

2. *O estádio I.* — Não se deve buscar, com efeito, o ponto de partida do desenvolvimento nos reflexos concebidos como simples respostas isoladas, senão nas atividades espontâneas e totais do organismo (estudadas por V. Holst etc.) e no reflexo concebido, ao mesmo tempo, como diferenciação destas e como capaz, em certos casos (os dos reflexos que se desenvolvem por exercício em lugar de se atrofiarem ou permanecerem inalterados) de apresentar uma atividade funcional que acarreta a formação de esquemas de assimilação.

---

[4] J. Piaget, *La naissance de l'intelligence*, Delachaux & Niestlé, 1936.
[5] O organismo *O* intervém, já para Hull, na qualidade de variável intermediária, mas no sentido de simples redução das necessidades e não de estrutura organizadora *Og*. *Org.*, ou seja, E ← (g) → R.

De um lado, com efeito, já se demonstrou, não só pelo estudo dos comportamentos animais, mas também pelo das ondas elétricas do sistema nervoso, que o organismo nunca é passivo, mas apresenta atividades espontâneas e globais, de forma rítmica. Por outro lado, a análise embriológica dos reflexos (Coghill etc.) permitiu que se estabelecesse que estes se constituem por diferenciação a partir de atividades mais globais: no caso dos reflexos de locomoção dos batráquios, por exemplo, é um ritmo de conjunto que redunda numa sucessão de reflexos diferenciados e coordenados, e não são estes que conduzem àquele.

No tocante aos reflexos do recém-nascido, disso resulta que aqueles que apresentam uma importância especial para o futuro (os reflexos de sucção, ou o reflexo palmar, que será integrado na preensão intencional ulterior) dão lugar ao que um de nós denominou "exercício reflexo", isto é, consolidação por exercício funcional. É assim que o recém-nascido mama de maneira mais segura, volta a encontrar mais facilmente o bico do seio após havê-lo deixado etc., depois de alguns dias do que por ocasião dos primeiros ensaios.[6] A assimilação reprodutiva ou funcional, que assegura esse exercício, prolonga-se, por outro lado, numa assimilação generalizadora (chuchar a seco entre as refeições ou chuchar novos objetos) numa assimilação recognitiva (distinguir o bico do seio dos outros objetos).

Embora não se possa falar, nesses casos, de aquisições propriamente ditas, visto que o exercício assimilativo não ultrapassa, então, o quadro preestabelecido da montagem hereditária, a assimilação em apreço nem por isso deixa de desempenhar papel fundamental, pois essa atividade, que não permite se considere o reflexo como puro automatismo, explica, por outro lado, extensões ulteriores do esquema reflexo e da formação dos primeiros hábitos. No exemplo da sucção, assiste-se, com efeito, e às vezes desde o segundo mês, ao fenômeno banal, mas não menos instrutivo, de uma sucção

---

[6] Observam-se da mesma forma tais exercícios reflexos nos animais, como os tacteios que caractetizam os primeiros ensaios de cópula entre os limeídeos dos lagos.

A PSICOLOGIA DA CRIANÇA 15

do polegar, não fortuita ou acidental, como a que se pode produzir desde o primeiro dia, senão sistemática, por coordenação dos movimentos do braço, da mão e da boca. Aí, onde os associacionistas vêem apenas um efeito de repetição, mas de onde vem esta, visto que não é imposta por ligações exteriores? E onde os psicanalistas já vêem uma conduta simbólica, por assimilação representativa do polegar ao seio (mas de onde viria o poder simbólico ou evocatório muito antes da formação das primeiras imagens mentais?), sugerimos que se interprete essa aquisição como simples extensão da assimilação sensório-motora em jogo a partir do reflexo. Precisemos, primeiro, que há aqui aquisição propriamente dita, visto que não existe reflexo nem instinto de sugar o polegar (o aparecimento dessa conduta e a sua freqüência são, de fato, variáveis). Mas essa não é uma aquisição qualquer: vem inscrever-se num esquema de reflexão já constituído e limita-se a estendê-lo por integração de elementos sensório-motores até então independentes dele. Essa integração já caracteriza o estádio II.

3. *O estádio II.* — É de acordo com esse modelo que se constituem os primeiros hábitos, os quais, estes sim, dependem diretamente de uma atividade do sujeito, como no caso precedente, ou parecem impostos pelo exterior, como no caso dos "condicionamentos". De fato, um reflexo condicionado nunca é estável pelo simples jogo de suas associações e só se torna tal através da constituição de um esquema de assimilação, isto é, quando o resultado alcançado satisfaz a necessidade inerente à assimilação considerada (como no caso do cão de Pavlov, que saliva ao som da campainha enquanto este for assimilado a um sinal de alimento, mas que pára de salivar quando o som nunca mais acompanha o sinal).

Mas ainda que chamemos "hábitos" (por falta de expressão melhor) às condutas adquiridas não somente em sua formação mas também em seus resultados automatizados, o hábito ainda não é a inteligência. Um "hábito" elementar repousa num esquema sensório-motor de conjunto[7] em cujo seio ainda não existe, do ponto de vista do sujeito, diferenciação entre meios e fins, só se atingindo a finalidade em jogo através de uma sucessão obrigada de movimentos que a ela conduzem sem que se possa, nos primórdios da conduta, distinguir uma finalidade anteriormente procurada e, em seguida, meios escolhidos entre diversos esquemas possíveis. Num ato de inteligência, pelo contrário, há a procura de uma finalidade estabelecida desde o início, depois a procura dos meios apropriados, ministrados pelos esquemas conhecidos (ou esquemas de "hábitos"), mas na medida em que já estão diferençados do esquema inicial, que determinava a finalidade da ação.

4. *O estádio III.* — Ora, o grande interesse do desenvolvimento das ações sensório-motoras no correr do primeiro ano da criança reside em que, não apenas conduz a aprendizagens elementares, origens de simples hábitos, num nível em que ainda não se observa inteligência propriamente dita, senão também fornece uma série contínua de intermediários entre as duas variedades de reações. Assim é que, após o estádio dos reflexos (I) e o dos primeiros hábitos (II), o terceiro estádio (III) apresenta as seguintes transições, a partir do momento, cerca dos 4 meses e meio, em média, em que há coordenação entre a visão e a preensão (o bebê agarra e manipula tudo o que vê no seu espaço próximo). Um sujeito dessa idade pega, por exemplo, num cordão pendente do teto do berço, e sacode, dessa maneira, todos os chocalhos suspensos acima dele. Repete, imediatamente, uma série de vezes, o gesto de resultados inesperados, o que constitui uma "reação circular" no sentido de J. M. Baldwin, portanto um hábito em estado nascente, sem finalidade prévia estremada dos meios empregados. Mas, ao depois, basta suspender um novo brinquedo ao teto do berço para que a criança procure o cordão, o que já constitui princípio de diferenciação entre a finalidade e o meio. Nos dias seguintes, quando se balançar um objeto suspenso a uma vara, a 2 metros do berço etc., e mesmo quando só existirem alguns sons

---

[7] Um esquema é a estrutura ou a organização das ações, as quais se transferem ou generalizam no momento da repetição da ação, em circunstâncias semelhantes ou análogas.

A PSICOLOGIA DA CRIANÇA 17

inesperados e mecânicos atrás de um paravento, e esses espetáculos e essa música cessarem, a criança buscará e puxará de novo o cordão mágico: estamos, pois, desta feita, no limiar da inteligência, por mais estranha que seja a causalidade sem contato espacial.

5. *Os estádios IV e V*. — No quarto estádio (IV), observam-se atos mais completos de inteligência prática. Impõe-se ao sujeito uma finalidade prévia, independentemente dos meios que vai empregar: por exemplo, alcançar um objeto demasiado distante ou que acaba de sumir debaixo de uma coberta ou de um travesseiro. Só mais tarde é que esses meios são tentados ou buscados, e isso à primeira vista, na qualidade de meios: por exemplo, agarrar a mão do adulto e impeli-lo na direção do objeto que há de ser alcançado, ou erguer o anteparo que esconde o objeto. Mas, no decorrer desse quarto estádio, se a coordenação dos meios e das finalidades é nova e se renova em cada situação imprevista (sem o que não haveria inteligência), os meios empregados são tomados de empréstimo aos esquemas conhecidos de assimilação (no caso do objeto escondido e reencontrado, a combinação é igualmente nova, como se verá no § II, mas o fato de agarrar e deslocar a almofada corresponde apenas a um esquema habitual).

No curso do quinto estádio (V), que principia cerca do 11º ou do 12º meses, acrescenta-se às condutas precedentes uma reação essencial: a procura de meios novos por diferenciação dos esquemas conhecidos. Pode-se citar, a esse respeito, o que denominaremos a conduta do suporte: estando colocado sobre um tapete um objeto demasiado distante, a criança, depois de haver tentado em vão atingir diretamente o objetivo, pode chegar a agarrar um canto do tapete (por acaso ou por suplência) e, observando uma relação entre os movimentos do tapete e os do objeto, acaba, a pouco e pouco, puxando o tapete para alcançar o objeto. Descobrimento análogo caracteriza a conduta do barbante, estudada por K. Bühler e muitos outros depois dele: trazer para si o objetivo puxando o barbante ao qual este último está amarrado.

6. *O estádio VI*. — Enfim, o sexto estádio assinala o fim do período sensório-motor e a transição com o período seguinte: a criança torna-se capaz de encontrar meios novos, não mais por simples tacteios exteriores ou materiais, senão por combinações interiorizadas, que redundam numa compreensão súbita ou *insight*. Por exemplo, colocada em presença de uma caixa de fósforos apenas entreaberta, na qual se colocou um dado, a criança tenta, primeiro por meio de tacteios materiais, abrir a caixa (reação do quinto estádio), mas, após o revés, apresenta a reação novíssima de suspender a ação e examinar, atenta, a situação (enquanto abre e fecha vagarosamente a boca, ou, em outro sujeito, a mão, como a imitar o resultado que há de ser alcançado, isto é, o aumento da abertura): depois, de improviso, enfia o dedo pela fenda e consegue, assim, abrir a caixa.

É nesse mesmo estádio que, em geral, se descobre a célebre conduta do bastão, estudada por W. Köhler nos chimpanzés e, posteriormente, por outros autores no bebê. Mas W. Köhler, como K. Bühler, entende que só existe ato de inteligência quando há compreensão repentina, afastando o tacteio do domínio dessa inteligência para classificá-lo entre as condutas de suplência ou de "Dressur" etc. Claparède, pelo contrário, via no tacteio o critério da inteligência, e atribuía o nascimento das próprias hipóteses a um tacteio interiorizado. Esse critério é, sem dúvida, demasiado amplo, pois há tacteio desde os reflexos e a formação dos hábitos. Mas o critério do *insight* é, por certo, demasiado estreito, pois é graças a uma série ininterrupta de assimilações de diversos níveis (I a IV) que os esquemas sensório-motores se tornam suscetíveis de novas combinações e interiorizações, que possibi-

A PSICOLOGIA DA CRIANÇA 19

litam, finalmente, a compreensão imediata em certas situações. Este último nível (VI) não poderia, portanto, destacar-se daqueles cujo fim se limita a assinalar.

II — A construção do real[8]

O sistema dos esquemas de assimilação sensório-motores reverte numa espécie de lógica da ação, que comporta o estabelecimento de relações e correspondências (funções) encaixes de esquemas (cf. a lógica das classes), em suma, estruturas de ordem e reuniões que constituem a subestrutura das operações futuras do pensamento. Mas a inteligência sensório-motora conduz a um resultado igualmente importante no que respeita à estrutura do universo do sujeito, por mais restrito que seja nesse nível prático: organiza o real construindo, pelo próprio funcionamento, as grandes categorias da ação que são os esquemas do objeto permanente, do espaço, do tempo e da causalidade, subestruturas das futuras noções correspondentes. Nenhuma dessas categorias existe no princípio e o universo inicial está inteiramente centrado no corpo e na ação próprios, num egocentrismo tão total quanto inconsciente de si mesmo (por falta de consciência do eu). No curso dos dezoito primeiros meses efetua-se, pelo contrário, uma espécie de revolução copérnicana, ou mais simplesmente chamada de descentração geral, de tal natureza que a criança acaba por situar-se como um objeto entre os outros num universo formado de objetos permanentes, estruturado de maneira espácio-temporal e sede de uma causalidade ao mesmo tempo espacializada e objetivada nas coisas.

---

[8] J. Piaget, La construction du réel chez l'enfant, Delachaux & Niestlé, 1937.

1. *O objeto permanente*. — Esse universo prático, elaborado desde o segundo ano, é formado, em primeiro lugar, de objetos permanentes. Ora, o universo inicial é um mundo sem objetos, que consiste apenas em "quadros" móveis e inconsistentes, os quais aparecem e, logo, reabsorvem totalmente, e ora não retornam, ora ressurgem em forma modificada ou análoga. Entre o 5.° e o 7.° meses (estádio III do § I), quando a criança vai agarrar um objeto e alguém o recobre com um lençol ou o coloca atrás de um anteparo, a criança retira simplesmente a mão já estendida ou, se se trata de objeto de interesse especial (a mamadeira etc.), põe-se a chorar ou a berrar de decepção: reage, portanto, como se o objeto se tivesse desfeito. Responder-se-á, talvez, que ela sabe muito bem que o objeto continua a existir no lugar em que desapareceu, mas simplesmente não consegue resolver o problema de procurá-lo e levantar o lençol. Mas quando começa a procurar debaixo do lençol (veja o estádio IV do § I), pode-se fazer o controle seguinte: esconder o objeto em *A*, à direita da criança, que o procura e encontra e, em seguida, à vista dela, deslocar e esconder o objeto em *B*, à sua esquerda: depois que a criança viu o objeto desaparecer em *B* (debaixo de uma almofada etc.), acontece, amiúde, que vai procurá-lo em *A*, como se a posição do objeto dependesse das ações anteriormente bem-sucedidas e não de seus deslocamentos autônomos e independentes da ação própria. No estádio V (9-10 meses), o objeto é procurado, ao contrário, em função apenas das suas deslocações, a menos que sejam demasiado complexas (encaixes de anteparos) e, no estádio VI, acrescenta-se a isso um jogo de inferências que consegue dominar certas combinações (erguer uma almofada e encontrar debaixo dela, apenas, outra cobertura imprevista, que é então imediatamente retirada).[9]

---

[9] Esses resultados, obtidos por um de nós, foram depois confirmados por Th. Gouin-Décarie em Montreal (em 90 sujeitos) e por S. Escalona em Nova Iorque. Esta última observou que o objeto escondido na mão é procurado mais tardiamente do que debaixo de um anteparo exterior (em outras palavras, a reabsorção sem localização prevalece, então, por mais tempo sobre a permanência substancial e espacial). H. Gruber, por outro lado, dirigiu uma pesquisa sobre o mesmo problema com gatinhos: estes passam, de um modo sumário, pelos mesmos estádios, mas chegam a um princípio de permanência aos 3 meses.

A conservação do objeto é, entre outras, função da sua localização. Esse fato mostra, sem dificuldade, que a construção do esquema do objeto permanente é solidária com toda a organização espácio-temporal do universo prático, como também, naturalmente, com a sua estruturação causal.

2. *O espaço e o tempo*. — A começar pelas estruturas espáciotemporais, verifica-se que, no princípio, não existe espaço único nem ordem temporal que englobe os objetos e acontecimentos como os continentes englobam os conteúdos. Existe apenas um conjunto de espaços heterogêneos, todos centrados no próprio corpo: espaço bucal (Stern), táctil, visual, auditivo, de postura; e certas impressões temporais (expectação etc.), mas sem coordenações objetivas. Esses espaços coordenam-se em seguida, progressivamente (bucal e táctil-cinestésico), mas tais coordenações continuam parciais por muito tempo, enquanto a construção do esquema do objeto permanente não conduz à distinção fundamental, que H. Poincaré considerava erroneamente como primitiva,[10] entre as mudanças de estado, ou modificações físicas, e as mudanças de posição, ou deslocamentos constitutivos do espaço.

Solidários com as condutas de localização e procura do objeto permanente, os deslocamentos organizam-se enfim (estádios V e VI) numa estrutura fundamental, que constitui o arcabouço do espaço prático, enquanto não serve de base, depois de interiorizada, às operações da métrica eucli-

---

O filho do homem, nesse ponto como em muitos outros, está, portanto, atrasado em relação ao do animal, mas esse atraso significa assimilações mais completas, visto que, ao depois, o primeiro consegue ultrapassar largamente o segundo.
[10] Poincaré teve o grande mérito de prever que a organização do espaço estava ligada à construção do "grupo de deslocamentos", mas, como não se dedicasse à psicologia, considerou este último como *a priori*, em vez de ver nele o produto de uma construção progressiva.

diana: é o que os geômetras denominam o "grupo dos deslocamentos" e cuja significação psicológica é a seguinte: *a*) um deslocamento *AB* e um deslocamento *BC* podem coordenar-se num único deslocamento *AC*, que ainda faz parte do sistema;[11] *b*) todo deslocamento *AB* pode inverter-se em *BA*, donde a conduta do "retorno" ao ponto de partida; *c*) a composição do deslocamento *AB* e do seu inverso *BA* dá o deslocamento nulo *AA*; *d*) os deslocamentos são associativos, o que quer dizer que, na seqüência *ABCD*, temos *AB* + *BD* = *AC* + *CD*: isto significa que um mesmo ponto *D* pode ser atingido a partir de *A* por caminhos diferentes (se os segmentos *AB*, *BC* etc. não estiverem em linha reta), o que constitui a conduta do "desvio", cujo caráter tardio se conhece (estádios V e VI na criança, conduta compreendida pelos chimpanzés mas ignorada das galinhas etc.).

Em correlação com a organização das posições e dos deslocamentos no espaço constituem-se naturalmente séries temporais objetivas, visto que, no caso do grupo prático dos deslocamentos, estes se efetuam materialmente, pouco a pouco e um depois do outro, ao contrário das noções abstratas, que o pensamento construirá mais tarde e que permitirão uma representação de conjunto simultânea e cada vez mais extratemporal.

3. *A causalidade*. — O sistema dos objetos permanentes e de seus deslocamentos, por outro lado, não pode dissociar-se de uma estruturação causal, pois o próprio do objeto é ser origem, sede ou resultado de ações diversas, cujas ligações constituem a categoria da causalidade.

Mas, em completo paralelo com o desenvolvimento dos esquemas precedentes, a causalidade só se torna objetiva e adequada ao cabo de longa evolução, cujas fases iniciais, centradas na ação própria, ignoram ainda as ligações espaciais e físicas inerentes aos esquemas causais materiais. Ainda no estádio III (cf. § I), quando já consegue sorrir ao que vê e manipular

---

[11] O trajeto *AC* pode não passar por *B* se *AB* e *BC* não estiverem em linha reta.

objetos de acordo com esquemas diversos (deslocar, balançar, bater, esfregar etc.), o bebê ainda só conhece, como causa única, a própria ação, independentemente até dos contatos espaciais. Na observação do cordão que pende do teto do berço (§ I-4), o bebê não situa no cordão a causa do movimento dos chocalhos suspensos, porém na ação global de "puxar o cordão", coisa completamente diversa: e a prova está em que continua a puxar o cordão para agir sobre objetos situados a 2 metros de distância, ou para agir sobre sons etc. Identicamente, outros sujeitos desse nível III arqueiam-se e deixam-se cair de novo para sacudir o berço, como também para agir sobre objetos a distância, ou, mais tarde, piscam os olhos diante de um interruptor para acender uma lâmpada elétrica etc.

Tal causalidade inicial pode chamar-se mágico-fenomenista; fenomenista porque qualquer coisa é capaz de produzir qualquer coisa segundo as ligações anteriores observadas, e "mágica" porque está centrada na ação do sujeito sem consideração dos contatos espaciais. O primeiro dos dois aspectos recorda a interpretação da causalidade dada por Hume, mas com centração exclusiva na ação própria. O segundo lembra as concepções de Maine de Biran, mas não há aqui consciência do eu nem delimitação entre este e o mundo exterior.

Em compensação, à medida que o universo é estruturado pela inteligência sensório-motora segundo uma organização espácio-temporal e pela constituição de objetos permanentes, a causalidade se objetiva e espacializa, o que quer dizer que as causas reconhecidas pelo sujeito já não estão situadas unicamente na ação própria, senão em objetos quaisquer e as relações de causa e efeito entre dois objetos ou suas ações supõem um contato físico e espacial. Nas condutas do suporte, do barbante e do bastão (§ I, estádios V e VI), é claro, por exemplo, que os movimentos do tapete, do barbante ou do bastão são considerados como atuantes sobre os do objeto (independentemente do autor do deslocamento), e isso com a condição de haver contato: se o objeto estiver colocado ao lado do tapete e não sobre ele, a criança do estádio V não puxará o suporte, ao passo que a dos estádios III ou ainda IV, adestrada a servir-se do suporte (ou que lhe tiver descoberto o papel por acaso) puxará ainda o tapete mesmo que o objeto desejado não mantenha com ele a relação espacial "colocado sobre".

III — *O aspecto cognitivo das reações sensório-motoras*

Se se cotejarem as fases dessa construção do real com as da construção dos esquemas sensório-motores, que intervêm no funcionamento dos reflexos, dos hábitos ou da própria inteligência, verifica-se a existência de uma lei de desenvolvimento, de alguma importância, porque determinará igualmente toda a evolução intelectual ulterior da criança.

O esquematismo sensório-motor manifesta-se, com efeito, em três grandes formas sucessivas (as precedentes, aliás, só desaparecem quando surgem as seguintes):

a) as formas iniciais são constituídas por estruturas de *ritmos*, como se observam nos movimentos espontâneos e globais do organismo, de que os reflexos, sem dúvida, não passam de diferenciações progressivas. Os próprios reflexos particulares, aliás, dependem ainda da estrututra de ritmo, não apenas em seus arranjos complexos (sucção, locomoção), senão porque o seu desenvolvimento conduz, de um estado inicial X, a um estado final Z, para recomeçar, em seguida, na mesma ordem (imediatamente ou de maneira retardada);

b) vêm em seguida *regulações* diversas, que diferenciam os ritmos iniciais segundo esquemas múltiplos. A forma mais corrente dessas regulações é o controle por tacteios, que intervém na formação dos primeiros hábitos (as "reações circulares" asseguram, nesse sentido, a transição entre o ritmo

A PSICOLOGIA DA CRIANÇA 25

e as regulações e nos primeiros atos de inteligência). Essas regulações, cujos modelos cibernéticos comportam sistemas de anéis, ou *feedbacks*, atingem assim uma semi-reversibilidade, ou reversibilidade aproximada, pelo efeito retroativo das correções progressivas;

c) surge, finalmente, um princípio de *reversibilidade*, origem das futuras "operações" do pensamento, mas já em atividade no nível sensório-motor desde a constituição do grupo prático dos deslocamentos (cada deslocamento AB comporta, então, um deslocamento inverso BA). O produto mais imediato das estruturas reversíveis é a constituição de noções de conservação ou de invariantes de "grupos". Já no nível sensório-motor, a organização reversível dos deslocamentos acarreta a elaboração de determinada invariante, sob as espécies do esquema do objeto permanente. Mas é evidente que, no nível presente, nem a reversibilidade em ação nem a conservação são ainda completas por falta de representação.

Se as estruturas de ritmo já não aparecem nos níveis representativos ulteriores (de 2 a 15 anos), toda a evolução do pensamento será dominada, como se verá mais adiante, por uma passagem geral das regulações à reversibilidade interiorizada ou operatória, isto é, à reversibilidade propriamente dita.

IV — *O aspecto afetivo das reações sensório-motoras*

O aspecto cognitivo das condutas consiste na sua estruturação e o aspecto afetivo na sua energética (ou, como dizia P. Janet, na sua "economia"). Esses dois aspectos são, ao mesmo tempo, irredutíveis, indissociáveis e complementares: não é, portanto, muito para admirar que se encontre um notável paralelismo entre as suas respectivas evoluções. De modo geral, com efeito, enquanto o esquematismo cognitivo passa de um estado inicial centrado na ação própria à construção de um universo objetivo e descentrado, a afetividade dos mesmos níveis sensório-motores procede de um estado de não diferenciação entre o eu e todos os elementos físicos e humanos que o cercam para construir, em seguida, um conjunto de trocas entre o eu diferenciado e as pessoas (sentimentos interindividuais) ou as coisas (interesses variados conforme os níveis).

Mas o estudo da afetividade do bebê é muito mais difícil que o de suas funções cognitivas, pois o risco do adultomorfismo é nele muito maior. A maioria dos trabalhos conhecidos é de natureza psicanalítica e estes se contentaram, durante muito tempo, com uma reconstituição dos estádios elementares a partir da psicopatologia adulta. Com R. Spitz, K. Wolf e Th. Gouin-Décarie, a psicanálise do bebê fez-se, em compensação, experimental e, com as pesquisas atuais de S. Escalona, de inspiração ao mesmo tempo psicanalítica e lewiniana, liberta-se do detalhe dos quadros freudianos para atingir o nível da análise e do controle objetivos.

1. *O adualismo inicial.* — Os afetos próprios dos dois primeiros estádios (I-II do § I) inscrevem-se num contexto já descrito por J. M. Baldwin sob o nome de "adualismo", no qual ainda não existe, sem dúvida, nenhuma consciência do eu, isto é, nenhuma fronteira entre o mundo interior ou vivido e o conjunto das realidades exteriores. Em seguida, Freud falou em narcisismo, mas sem perceber suficientemente que se tratava de um narcisismo sem Narciso. Anna Freud, posteriormente, precisou esse conceito de "narcisismo primário" no sentido de uma não diferenciação inicial entre o eu e o alheio. Wallon descreve a mesma não diferenciação em termos de simbiose, mas cumpre especificar que, na própria medida em que o eu permanece inconsciente de si mesmo, portanto não diferençado, toda a afetividade continua centrada no corpo e na ação próprios, pois somente uma dissociação do eu e do alheio, ou do não-eu, permite a descentração afetiva como cognitiva. Eis por que a intenção contida na noção de narcisismo conti-

nua válida com a condição de precisar que não se trata de uma centração consciente num eu, aliás idêntico ao que virá a ser depois de elaborado, mas de uma centração inconsciente por não diferenciação.

Dito isto, os afetos observáveis nesse contexto adualístico dependem, em primeiro lugar, de ritmos gerais, que correspondem aos das atividades espontâneas e globais do organismo (§ I): alternâncias entre os estados de tensão e relaxação etc. Tais ritmos se diferenciam em busca de estímulos agradáveis e tendências para evitar os desagradáveis.

Um dos sintomas mais estudados da satisfação é o sorriso, que deu origem a múltiplas interpretações. Ch. Bühler e Kaila viam nele uma reação específica da pessoa humana. Mas, por um lado, nota-se, no princípio, uma espécie de sorriso fisiológico, logo após a mamada, sem nenhum estímulo visual. Por outro lado, um de nós observou sorrisos muito precoces em presença de objetos em movimento. A reação à figura humana foi estudada por meio de máscaras mais ou menos completas (olhos e testa sem boca etc.) análogo aos "engodos" de que se utilizam os etólogos da escola de Tinbergen e Lorenz para analisar os desencadeadores perceptivos dos mecanismos inatos. Observou-se, a respeito, que os olhos e a parte superior do rosto desempenham papel preponderante, e certos autores (Bowlby) consideram esses estímulos análogos aos desencadeadores hereditários (IRM).[12] Mas, segundo Spitz[13] e Wolf, é mais prudente ver no sorriso um simples sinal do reconhecimento de um complexo de estímulos num contexto de satisfação de necessidades. Não haveria, assim, desde o princípio, reconhecimento da pessoa alheia, mas, sendo o sorriso da criança freqüentemente provocado, sustentado, reforçado ou "gratificado" pelo sorriso do parceiro humano, torna-se, mais ou menos rapidamente, instrumento de troca ou de contágio

---
[12] IRM = innate releasing mechanisms.
[13] R. Spitz, La première Année de la vie de l'enfant; Genèse aes premières relations objectales, Paris, 1958.

e, por conseguinte, pouco a pouco, meio de diferenciação das pessoas e das coisas (não sendo as primeiras, durante muito tempo, senão centros ativos e imprevistos, assimilados em função das reações próprias, sem diferenciação nítida das coisas).

2. *Reações intermediárias.* — No transcurso dos estádios III e IV assiste-se, de modo geral, em função da complexidade crescente das condutas, à multiplicação das satisfações psicológicas, que vêm juntar-se às satisfações orgânicas. Mas se as fontes de interesse assim se diversificam, observam-se igualmente estados novos em presença do desconhecido, cada vez mais bem estremados do conhecido: inquietudes em presença de pessoas estranhas ao meio (Spitz), reações à estranheza das situações (Meili) etc., e tolerância mais ou menos grande ao estresse, tolerância essa que poderá aumentar se o conflito se produzir num contexto de contatos por outro lado agradáveis.

O contato com as pessoas torna-se, dessarte, cada vez mais importante, e anuncia uma passagem do contágio à comunicação (Escalona). De fato, antes que se construam de modo complementar o eu e o alheio assim como as suas interações, assiste-se à elaboração de todo um sistema de trocas graças à imitação, à leitura dos indícios dos gestos e das mímicas. A criança passa, desde então, a reagir às pessoas de modo cada vez mais específico, porque estas agem de modo diferente das coisas e agem segundo esquemas que podem ser relacionados com os da ação própria. Chega mesmo a estabelecer-se, mais cedo ou mais tarde, uma espécie de causalidade relativa às pessoas, na medida em que proporcionam prazer, conforto, sossego, segurança etc.

Mas é essencial compreender que o conjunto desses progressos afetivos é solidário com a estruturação geral das condutas. "Os meus fatos", conclui Escalona, "sugerem a possibilidade de estender a todos os aspectos adaptativos do funcionamento mental, o que Piaget propõe para a 'cognição': a emergência de funções como a comunicação, a modulação dos afetos, o controle das excitações, a possibilidade de adiar reações (*delay*), certos aspectos das relações objetais, como a identificação, resultam, em todos esses casos, das seqüências do desenvolvimento sensório-motor antes que as funções sejam ligadas a um *ego* em sentido mais restrito".[14]

3. As relações "objetais". — No transcorrer dos estádios V e VI (com preparação desde o estádio IV), assiste-se ao que Freud denominava "escolha do objeto" afetivo e considerava como transferência da libido a partir do eu narcísico para a pessoa dos pais. Os psicanalistas falam hoje em "relações objetais" e desde que, em sua escola, Hartmann e Rapaport insistiram na autonomia do eu em relação à libido, concebem o aparecimento dessas relações objetais como assinalando a dupla constituição de um eu diferençado do alheio, e de um alheio que se torna objeto de afetividade. J. M. Baldwin já tinha insistido, havia muito tempo, no papel da imitação na elaboração do eu, o que atesta a solidariedade e a complementaridade das formações do *ego* e do *alter*.

Os problemas consistem, então, em compreender as razões pelas quais essa descentração da afetividade na pessoa alheia, na medida em que se apresenta simultaneamente distinta e análoga ao eu que se descobre com referência a ela, se produz nesse nível do desenvolvimento e, sobretudo, em compreender de que maneira se efetua. Havíamos, portanto, suposto que a descentração afetiva fosse correlativa da descentração cognitiva, não porque uma domine a outra, senão porque ambas se produzem em função do mesmo processo de conjunto. Com efeito, na medida em que a criança deixa de relacionar tudo aos seus estados e à sua ação própria, para substi-

---

[14] S. K. Escalona, "Patterns of infantile experience and the developmental process", *The Psychoanal, Study of the Child*, vol. XVIII (1963), p. 198.

tuir um mundo de quadros flutuantes, sem consistência espácio-temporal nem causalidade exterior ou física, por um universo de objetos permanentes, estruturado de acordo com os seus grupos de deslocamentos espácio-temporais e com uma causalidade objetiva e espacializada, é manifesto que a sua afetividade se ligará igualmente aos objetos permanentes localizáveis e fontes de causalidade exterior em que se transformam as pessoas. Donde a constituição das "relações objetais", em estreita ligação com o esquema dos objetivos permanentes.

Essa hipótese, muito verossímil mas ainda não provada, foi recentemente verificada por Th. Gouin-Décarie.[15] A psicóloga canadense, como se viu (§ II), controlou, em 90 sujeitos, o desenvolvimento regular das etapas de formação do esquema do objeto. Mas, nos mesmos sujeitos, analisou as reações afetivas em função de uma escala que tem por objeto as "relações objetais" (a evolução assim observada é nítida, embora menos regular do que a das reações cognitivas). Com essas duas espécies de materiais assim recolhidos, Th. Gouin pôde demonstrar a existência de uma correlação significativa entre eles,[16] correspondendo as etapas da afetividade, em suas linhas mestras, para cada grupo de sujeitos, às da construção do objeto.[17]

---

[15] Th. Gouin-Décarie, *Intelligence et affectivité chez le jeune enfant*, Delachaux & Niestlé, 1962.
[16] J. Antony, igualmente, mostrou a existência de lacunas no esquema do objeto permanente nas crianças psicóticas, que apresentam perturbações das relações objetais. Veja: "Seis aplicações da teoria genética de Piaget à teoria e à prática psicodinâmica", *Revue Suisse de Psychologie*, XV, n° 4, 1956.
[17] Resta notar que, na medida em que tais correlações se verificam, isto é, em que a afetividade é solidária com o conjunto da conduta sem consistir em causa nem em efeito das estruturações cognitivas, o fator essencial nas relações objetais é a relação como tal entre o sujeito e o objeto afetivo: é, portanto, a interação entre eles e não essencialmente o fator "mãe" que age como variável independente, como o supõe ainda a psicanálise neofreudiana. Como bem o demonstrou S. Escalona, cujas argutas observações de psicologia individual e diferencial a conduziram a uma posição mais relativista, a mesma parceira maternal provoca resultados diferentes segundo o comportamento geral da criança, assim como crianças diferentes desencadeiam reações distintas na mesma mãe.

… A PSICOLOGIA DA CRIANÇA 31

As diversas correlações cognitivo-afetivas e interações interindividuais são, enfim, de tal natureza que matizam as conclusões que se podem colher das reações ao hospitalismo. Sabe-se que, sob esse termo, os psicanalistas Spitz, Goldfarb, Bowlby etc. estudaram os efeitos da separação da mãe, da ausência materna e da educação em instituições hospitalares. Os fatos recolhidos mostraram a existência de atrasos sistemáticos (e, aliás, eletivos) de desenvolvimento ou mesmo de paradas e regressões em caso de separação duradoura. Mas aqui também cumpre atentar para o conjunto dos fatores: não é nessariamente o elemento maternal na medida em que é afetivamente especializado (no sentido freudiano) que desempenha o papel principal, senão a fala de interações estimuladoras; ora, estas podem estar ligadas à mãe não apenas como mãe, mas na medida em que se criou um modo de troca particular entre uma pessoa, com o seu caráter, e uma criança, com o dela.

CAPÍTULO II
O DESENVOLVIMENTO DAS PERCEPÇÕES

No que concerne ao desenvolvimento das funções cognitivas na criança, o capítulo I fez-nos entrever, e os capítulos seguintes o confirmarão, que as estruturas sensório-motoras constituem a origem das operações ulteriores do pensamento. Isto significa, portanto, que a inteligência procede da ação em seu conjunto, na medida em que transforma os objetos e o real, e que o conhecimento, cuja formação pode seguir-se na criança, é essencialmente assimilação ativa e operatória.

Ora, a tradição empirista, que tanta influência exerceu sobre determinada pedagogia, considera, pelo contrário, o conhecimento como uma espécie de cópia do real, acreditando, então, que a inteligência se origina tãosomente da percepção (para já não falarmos em sensações). Até o grande Leibniz, que defendia a inteligência contra o sensualismo (ajuntando *nisi ipse intellectus* ao adágio *nil est in intellectu quod non prius fuerit in sensu*) aceita a idéia de que, se as formas das noções, juízos e raciocínios não derivam dos "sentidos", os seus conteúdos deles procedem integralmente: como se só existissem na vida mental as sensações e a razão... esquecendo-se a ação!

Por conseguinte, para compreender o desenvolvimento da criança, cumpre examinar a evolução das suas percepções, depois de haver recordado o papel das estruturas ou do esquematismo sensório-motores. A percepção constitui, de fato, um caso particular das atividades sensório-motoras.

Mas o seu caráter particular consiste em que ela depende do aspecto figurativo do conhecimento do real, ao passo que a ação em seu conjunto (e já na qualidade de ação sensório-motora) é essencialmente operativa e transforma o real. Importa, portanto, e esta constitui mesmo uma questão capital, determinar o papel das percepções na evolução intelectual da criança, em relação ao da ação ou das operações que dela derivam no curso das interiorizações e estruturações ulteriores.

I — *Constâncias e causalidades perceptivas*

Conviria começar a nossa análise pelo estudo das percepções desde o nascimento e em todo o correr do período sensório-motor. Desafortunadamente, porém, nada é mais difícil do que atingir as percepções do recém-nascido e do bebê, por não se poder submetê-los a experiências precisas de laboratório, e, se possuímos algumas informações neurológicas sobre o desenvolvimento dos órgãos sensoriais,[18] elas não nos bastam, de maneira alguma, para reconstituir as percepções propriamente ditas. Em compensação, dois célebres problemas de percepção podem ser relacionados com as reações sensório-motores do primeiro ano: o das constâncias e o da causalidade perceptiva.

---

[18] É assim que, segundo W. S. Hunt, os eletro-retinogramas mostram que, algumas horas após o nascimento, os receptores retinianos já estão em estado de funcionamento (a mielina não é necessária ao funcionamento, mas serve para isolar os axônios e corresponde a reações eletrofisiológicas mais maduras). Segundo A. H. Keeney, o desenvolvimento pósnatal da fóvea e da área pericentral é muito rápido nos quatro primeiros meses. Em seguida, há uma mudança gradual até a adolescência: a estratificação dos cones, sobretudo, aumenta a partir de uma camada simples, por ocasião do nascimento, até três camadas, às 16 semanas, só sendo atingida a máxima profundidade de 4 ou 5 na adolescência.
  Segundo J. L. Conel, durante boa parte da infância, a região dos lobos occipitais, que recebe grande proporção de fibras partidas da mácula, é bem menos desenvolvida, em todos os sentidos, do que as regiões que recebem as suas da periferia da retina. Segundo P. I. Yakolov, a quantidade de mielina ao longo dos tratos nervosos aumenta até os 16 anos.

Chama-se constância da grandeza à percepção da grandeza real de um objeto situado a distância independentemente do seu apequenamento aparente: a constância da forma é a percepção da forma habitual do objeto (por exemplo, visto de frente ou no plano frontal-paralelo etc.) independentemente da sua apresentação perspectiva. Ora, essas duas constâncias perspectivas começam numa forma aproximativa desde a segunda metade do primeiro ano, aprimorando-se, em seguida, até os 10-12 anos ou mais.[19] Pode-se, portanto, perguntar quais são as suas relações com os esquemas sensório-motores, notadamente com o do objeto permanente.

1. *A constância da forma*. — A começar pela constância da forma, um de nós[20] verificou o parentesco de algumas de suas manifestações com a permanência do objeto. Apresentando a um bebê de 7-8 meses a mamadeira ao contrário, verificou que a criança a virava com facilidade quando percebia, em segundo plano, parte do bico de borracha vermelha, mas não chegava a essa correção quando não via parte alguma do bico e só tinha diante de si a base branca da mamadeira cheia de leite. Essa criança não atribuía, portanto, à mamadeira uma forma constante, mas desde o momento em que, aos 9 meses, principiou a procurar os objetos atrás dos anteparos, chegou a virar sem dificuldade a mamadeira apresentada às avessas, como se a permanência e a forma constante do objeto estivessem ligadas uma à outra. Pode supor-se que intervém, nesse caso, uma interação entre a percepção e o esquema sensório-motor, pois a primeira não basta a explicar o segundo (a procura de um objeto desaparecido não depende apenas da sua forma) nem o segundo basta a explicar a primeira.

2. *A constância das grandezas*. — Quanto à constância das grandezas, esta começa lá pelos 5 meses: treinada a escolher a maior de duas caixas, a crian-

---

[19] Sem falar na "superconstância" das grandezas, ou na superestimação da altura dos objetos afastados, que se inicia aos 8-9 anos e é muito generalizada no adulto.
[20] J. Piaget, *Les mécanismes perceptifs*, Presses Universitaires de France, 1961.

ça continua a escolher bem ainda que se afaste a caixa maior e esta corresponda, então, a uma imagem retiniana menor (Brunswik e Cruikshank, Misumi). A constância principia, portanto, antes da constituição do objeto permanente, mas após a coordenação da visão e da preensão (cerca dos 4 meses e meio). Ora, o último fato tem certa importância, pois pode-se perguntar por que existe uma constância perceptiva das grandezas, quando ela desaparece além de certa distância entre o objeto e o sujeito e basta, então, a inteligência para fazer conhecer a grandeza real dos elementos apequenados em aparência. A resposta é, sem dúvida, porque a grandeza de um objeto é variável à visão, mas constante ao toque e todo desenvolvimento sensório-motor impõe uma correspondência entre a escala perceptiva visual e a escala táctil-cinestésica. Não seria, portanto, por acaso que a constância das grandezas se inicia depois e não antes da coordenação da visão com a preensão: ainda que de natureza perceptiva, ela dependeria, dessarte, dos esquemas sensório-motores de conjunto (e se ela pode favorecer, mais adiante, a permanência do objeto, disso resultará, por seu turno, a melhoria da constância das grandezas, depois de adquirida a permanência).

3. *Objeto permanente e percepção.* — Esses dois primeiros exemplos tendiam, portanto, a demonstrar a irredutibilidade do sensório-motor em relação ao perceptivo, pois em ambos os casos parece que, se a percepção presta, naturalmente, serviços indispensáveis à atividade sensório-motora, a primeira é reciprocamente enriquecida pela segunda, e não bastaria a constituí-la, nem a constituir-se a si mesma independente da ação. Apesar disso, buscou-se explicar a constituição do objeto permanente por fatores perceptivos. Por exemplo, Michotte enxerga na permanência um produto dos efeitos perceptivos que denomina "efeito anteparo" (a passagem de um objeto *A* por baixo de outro *B* se reconhece, quando *A* está em parte oculto, pela organização das fronteiras segundo as leis da figura e do fundo) e "efeito túnel" (quando *A* passa por baixo de *B* a uma velocidade constante, percebida antes da entrada, experimenta-se uma impressão perceptiva, mas não sensorial, de suas posições e antecipa-se-lhe a saída). Trata-se, porém,

A PSICOLOGIA DA CRIANÇA 37

de saber se o bebê apresenta ou não os efeitos "anteparo" e "túnel" antes de haver construído a permanência do objeto. Ora, para o segundo, a experiência revela que isso não acontece. Apresenta-se um móbil que segue a trajetória $ABCD$, sendo visíveis os segmentos AB e CD, estando o segmento BC situado debaixo de um anteparo e o móbil saindo em A, de outro anteparo, para entrar em D debaixo de um terceiro anteparo: nesse caso, a criança de 5-6 meses segue com os olhos o trajeto AB e, quando o móbil desaparece em B, procura-o em A; depois, espantando-se de vê-lo em C, segue-o com os olhos de C a D mas, quando o móbil desaparece em D, procura-o em C e depois em A. Em outras palavras, o efeito túnel não é primitivo e só se constitui depois de adquirida a permanência do objeto: nesse caso, em vez de explicá-los, o efeito perceptivo é, portanto, nitidamente determinado pelos esquemas sensório-motores.

4. *A causalidade perceptiva.* — Recordemos, finalmente, as experiências bem conhecidas de Michotte sobre a causalidade perceptiva. Quando um quadradinho A, posto em movimento, vem bater num quadrado imóvel B e este se desloca, ao passo que A permanece imóvel após o impacto, experimenta-se uma impressão perceptiva de *lançamento* de B por A submetida a condições precisas de velocidade e de relações espaciais e temporais (se B não parte imediatamente, apaga-se a impressão causal e o movimento de B parece independente). Experimentam-se, igualmente, impressões de *arrastamento* (se A continua a sua marcha atrás de B após o impacto) e de desencadeamento (se a velocidade de B é superior à de A).

Ora, Michotte procurou explicar a nossa interpretação da causalidade sensório-motora pela sua causalidade perceptiva concebida como mais primitiva. Mas há nisso várias dificuldades. A primeira reside em que, até 7 anos mais ou menos, a criança só reconhece o lançamento depois de perceber um contato entre A e B, ao passo que os sujeitos de 7-12 anos e o adulto experimentam uma impressão de "lançamento a distância" quando subsiste um intervalo percebido de 2-3mm entre A e B. Ora, a causalidade sensório-motora, que denominamos "mágico-fenomenista" (§ II), é precisamente independente de todo contato espacial e não pode, portanto, derivar da causalidade perceptiva, submetida, na criança, a condições de impacto muito mais exigentes.[21]

II — *Os efeitos de campo*

Se se considerarem agora as percepções entre 4-5 e 12-15 anos, isto é, duas idades em que as experiências de laboratório são possíveis, podem distinguir-se duas espécies de fenômenos perceptivos visuais: 1. os efeitos de campo ou de centração, que não supõem nenhum movimento (atual) do olhar e são visíveis num só campo de centração, como se pode controlar no taquistoscópio em curtíssimas durações de apresentação (2/100 a 1-2/10 de segundo, o que exclui as mudanças de fixação); 2. as atividades perceptivas, que supõem deslocamentos do olhar no espaço ou comparações no tempo, orientados ambos por uma busca ativa do sujeito: exploração, transporte (do que é visto em X para o que é visto em Y) no espaço ou no tempo, transposição de um conjunto de relações, antecipações, estabelecimento de referências das direções etc.

As atividades perceptivas desenvolvem-se naturalmente com a idade, em número e qualidade: uma criança de 9-10 anos atenderá para referências e direções (coordenadas perceptivas) descuradas aos 5-6 anos; explorará

---

[21] Por outro lado, a causalidade perceptiva visual é caracterizada por impressões de choque, de impulso, de resistência, de peso etc. (quando o quadrado B se desloca mais lentamente do que A, parece mais "pesado" e mais resistente do que à mesma velocidade), que não têm nada de autenticamente visual. Nesse caso, como em muitos outros trata-se, portanto, de impressões de origem táctil-cinestésica, porém ulteriormente traduzidas nos termos visuais correspondentes. Com efeito, existe uma causalidade perceptiva táctil-cinestésica, que o próprio Michotte considera geneticamente anterior à causalidade visual. Ora, a causalidade perceptiva táctil-cinestésica depende da ação inteira, pois as únicas causas conhecidas tactilmente são as ações de impulso etc., emanadas do próprio corpo. Parece, pois, evidente, ainda neste exemplo, que é o esquematismo sensório-motor, em seu conjunto, que determina os mecanismos perceptivos, em lugar de resultar deles.

melhor as figuras, antecipará mais etc. Em princípio, as atividades perceptivas tornam a percepção mais adequada e corrigem as "ilusões" ou deformações sistemáticas, próprias dos efeitos de campo. Mas, criando novas aproximações, podem engendrar novos erros sistemáticos, que aumentam com a idade (pelo menos até certo nível).[22] Os efeitos de campo permanecem qualitativamente iguais em todas as idades, embora se possam constituir novos, mais cedo ou mais tarde, por sedimentação de atividades perceptivas. Fornecem percepções aproximadamente adequadas, mas apenas aproximadamente, porque a percepção imediata é produto de amostragem de natureza probabilista. Olhando para uma configuração, ainda que muito simples, não se vê, com efeito, tudo com a mesma precisão e, sobretudo, não se vê tudo ao mesmo tempo: o olhar pousa num ponto ou em outro e os "encontros" entre as diferentes partes dos órgãos receptores e as diferentes partes do objeto percebido permanecem aleatórios e de densidade desigual de acordo com as regiões da figura, as da retina, e os momentos em que essas regiões são centradas pela fóvea (zona de visão nítida) ou permanecem na periferia (zona perifoveal). Disso sempre, em parte, deformantes: ora, tais "ilusões" ou deformações sistemáticas permanecem qualitativamente idênticas em todas as idades, mas diminuem de intensidade ou valor quantitativo com o desenvolvimento, sob o efeito corretor das atividades perceptivas (exploração etc.).

Dizer que as ilusões ótico-geométricas "primárias" (dependentes dos efeitos de campo) não variam qualitativamente com a idade é dizer que a distribuição da ilusão em função das variações da figura e notadamente os seus *máximos* positivo e negativo conservam as mesmas propriedades em

---

[22] Exemplo: a ilusão chamada de peso: comparando os pesos iguais de duas caixas de volumes diferentes, a maior parece mais leve, por contraste, na medida em que se espera que seja mais pesada. Esse erro perceptivo é mais forte aos 10-12 anos do que aos 5-6 anos, porque a antecipação é mais ativa e os débeis profundos, que não antecipam coisa alguma, não apresentam tal ilusão. Binet já distinguia as ilusões que acometem com a idade e as que diminuem. Com efeito, as primeiras dependem todas, indiretamente, de atividades perceptivas, ao passo que as segundas dependem dos efeitos de campo.

todas as idades. Por exemplo, a percepção de um retângulo (sem desenho das diagonais) superestima os grandes lados e subestima os pequenos: faz-se, então, que variem os lados pequenos deixando constantes os grandes e verifica-se que a ilusão é tanto mais forte quanto mais curtos são os lados pequenos, apresentando-se o *máximo* (espacial) quando o retângulo se confunde com a reta mais fina que se possa desenhar. Na ilusão dos círculos concêntricos (Delboeuf), o círculo pequeno é superestimado e o grande subestimado, atingindo-se o *máximo* espacial positivo quando os raios se acham numa relação de 3 para 4; se o círculo pequeno apresenta um diâmetro mais curto do que a largura da faixa que separa os dois círculos, a ilusão se inverte (subestimação do círculo pequeno) e apresenta um *máximo* negativo para uma relação dada. São as posições desses *máximos* que se encontram em todas as idades, assim como a da ilusão nula mediana, que separa os erros positivos e negativos. Em compensação, e independentemente da permanência dessas propriedades qualitativas, o valor quantitativo da ilusão diminui com a idade, isto é, para a mesma figura que apresenta o mesmo *máximo* em todas as idades (por exemplo, a relação 3/4 de Delboeuf), a ilusão é mais forte aos 5 anos do que depois dessa idade e já não atinge no adulto senão a metade ou a terça parte do valor inicial.

Valia a pena citar esses fatos, pois eles ministram um exemplo muito raro de reação que não varia com o desenvolvimento senão em intensidade; cumpre, naturalmente, reservar o que se passa durante os primeiros meses da existência, mas como se encontra a ilusão dos círculos concêntricos até nos varões, ela há de ser muito precoce no filhote do homem.[23]

---

[23] A razão dessa identidade de reações procede da simplicidade do mecanismo probabilista, que explica as deformações perceptivas. Como o demonstrou um de nós, pode-se, com efeito, reduzir todas as ilusões primárias (efeitos de centração, que consistem nisto, a saber, que os elementos centrados pelo olhar (fóvea) são superestimados e os elementos situados na periferia do campo visual são subestimados. Dessa heterogeneidade de campo visual resulta, ainda que o olhar se desloque (exploração), uma heterogeneidade de "encontros" com o objeto, no sentido há pouco indicado, pois as centrações não são igualmente distribuídas e cada centração acarreta uma superestimação local em função do número dos "encontros". Chamemos "acoplagens" às correspondências de 1 a *n* entre os encontros num

Essa dualidade de fatores representados pelo número dos "encontros" e pelas "acoplagens" completas ou incompletas pode ser justificado pelo fenômeno do *máximo temporal* das ilusões, onde então se encontram algumas diferenças com a idade. Se se apresenta uma figura durante tempos muito curtos, que variam entre 1 a 2/100 de segundos e 1 s, a ilusão passa por um *máximo*, em geral, mais ou menos entre 1 e 3/10 de segundo. A razão, em primeiro lugar, é porque nos tempos mais curtos há pouquíssimos encontros, o que torna prováveis acoplagens completas e, portanto, fraca ilusão. Nas durações de 0,3-0,5 a 1 s os movimentos do olhar tornam-se possíveis e, com eles, uma exploração mais intensa: os encontros se fazem, portanto, muito numerosos, as acoplagens voltam a ser relativamente completas e a ilusão diminui. Mas entre as duas os encontros aumentam sem exploração sistemática possível: há, pois, uma probabilidade maior de acoplagens incompletas, donde o *máximo temporal* (e não mais espacial) da ilusão. Mas como o *máximo temporal* depende da rapidez das reações e da qualidade da exploração, varia um pouco com a idade, ao contrário do *máximo espacial*, e apresenta-se, às vezes, na criança pequena, com durações um pouco mais longas do que nas grandes e no adulto.

---

elemento da figura e os encontros em outros elementos: não haverá, então, deformação nem ilusão se as acoplagens forem completas (e os encontros, portanto, homogêneos); é o caso das "boas formas" como a de um quadrado, cujos elementos são todos iguais. Haverá, pelo contrário, ilusão se as acoplagens forem incompletas, o que favorece as desigualdades de comprimentos em jogo, e pode-se, portanto, calcular a distribuição da ilusão (máximos etc.) por meio de uma fórmula singela, baseada simplesmente nas diferenças de comprimento entre os elementos da figura:

$$P \text{ (deformação)} = \frac{(C1 - C2) \, C2}{S} \times \frac{C1}{C\max}$$ – onde C1 = o maior dos dois comprimentos comparados; C2 = o menor; Cmax = o maior comprimento da figura e S = a superfície ou o conjunto das acoplagens possíveis.

III — As atividades perceptivas

Vimos que, se os efeitos de campo permanecem relativamente constantes com a idade, as atividades perceptivas desenvolvem-se, ao contrário, progressivamente. É o caso, primeiro que tudo, da mais importante dentre elas: a exploração das configurações por deslocamentos mais ou menos sistemáticos do olhar e de seus pontos de fixação (centrações). Um de nós, por exemplo, estudou com Vinh-Bang (por registro fílmico) a comparação de duas horizontais, oblíquas ou verticais, que se prolongam uma à outra, ou da vertical e da horizontal de uma figura em L (as instruções consistiam em apreciar a igualdade ou a desigualdade de comprimento dessas retas). Ora, duas diferenças nítidas opõem as reações de 6 anos às dos sujeitos mais velhos. De um lado, os pontos de fixação são muito menos ajustados e distribuem-se em área muito mais ampla (até alguns centímetros além das linhas que se hão de considerar) do que no adulto. Por outro lado, os movimentos de transportes e comparação, passando de um segmento a outro, são proporcionalmente menos freqüentes nos pequenos do que os simples deslocamentos de índole aleatória. Numa palavra, os sujeitos pequenos se comportam como se diferissem a visão, mesmo a partir de centrações aberrantes, ao passo que os grandes olham mais ativamente, dirigindo a exploração por uma estratégia ou um jogo de decisões tal que os pontos de centração apresentam o *máximo* de informação e o *mínimo de perdas*.[24]

---

[24] Esse defeito de exploração ativa explica um caráter que foi classicamente descrito nas percepções das crianças de menos de 7 anos: o sincretismo (Claparède) ou caráter global (Decroly), tal que o sujeito só percebe, numa configuração complexa, a impressão de conjunto, sem análise das partes nem síntese de suas relações. Por exemplo, G. Meili-Dworetski utilizou uma figura equívoca, na qual se pode perceber ora uma tesoura ora um rosto humano, apresentando-se as duas estruturações, nos grandes, de modo alternativo, e permanecendo simultaneamente incompatíveis (pois são os mesmos círculos que representam os olhos da pessoa e as argolas da tesoura); certo número de sujeitos pequenos, ao contrário, responderam: "É um senhor e lhe jogaram uma tesoura na cara." Ora, esse sincretismo não obedece a leis comparáveis às dos efeitos de campo: traduz simplesmente uma carência de atividade exploradora sistemática.

A PSICOLOGIA DA CRIANÇA 43

Mas a exploração pode ser polarizada e acarretar, por isso, erros secundários: é o caso das verticais, superestimadas em relação às horizontais do mesmo comprimento porque as centrações freqüentes fixam-se no meio destas e no topo daquelas (o que confirma o registro dos movimentos oculares). Esse erro da vertical aumenta, antes, com a idade.

A exploração pode, por outro lado, combinar-se com efeitos de exercício e, por conseguinte, com transportes temporais quando se repetem as mesmas medidas nas mesmas figuras 20 vezes em seguida, ou mais. Observam-se, então, diferenças muito significativas com a idade, que foram estabelecidas, sob a direção de um de nós, por G. Noelting com a ilusão de Müller-Lyer (figuras penadas) e do losango (subestimação da grande diagonal). No adulto, a repetição das medidas redunda em redução progressiva do erro sistemático, que pode chegar até a sua anulação total: esse efeito de exercício ou de exploração cumulativa é tanto mais interessante quanto o sujeito desconhece completamente os resultados, o que exclui a intervenção de reforços externos e conduz a interpretar essa forma de aprendizagem como resultante de uma equilibração progressiva ("acoplagens" cada vez mais completas). Na criança de 7 a 12 anos encontram-se os mesmos efeitos, mas tanto mais fracos quanto os sujeitos são mais novos, com progressão bem regular com a idade. Em compensação, não foi possível revelar, pela mesma técnica, a existência de nenhuma ação do exercício ou da repetição antes dos 7 anos: a curva dos erros oscila então em torno da mesma média até 20 ou mesmo 30 ou 40 repetições (o sujeito se cansa tanto menos quanto não dá mostras de nenhuma exploração ativa), sem aprendizagem. É de algum interesse notar que esta, portanto, só se inicia cerca dos 7 anos, idade em que se atenua acentuadamente o sincretismo e em que os movimentos oculares são mais bem dirigidos e, sobretudo, em que se constituem as primeiras operações lógico-matemáticas, isto é, em que a atividade perceptiva pode ser dirigida por uma inteligência, naturalmente não substitui a percepção, mas, ao estruturar o real, contribui para programar as colheitas de informação perceptiva, isto é, para indicar o que se deve olhar com mais atenção. Ora, mesmo no domínio dos simples comprimentos lineares, a programação desempenha papel evidente ao substituir a métrica de avaliações globais ou simplesmente ordinais (veja mais adiante o cap. IV, § II-6). A ação orientadora da inteligência é mais clara ainda no domínio das coordenadas perceptivas, isto é, dos estabelecimentos de referência com eixos horizontais e verticais para julgar a direção das figuras ou das linhas. H. Wursten estudou, a pedido de um de nós, a comparação dos comprimentos de uma vertical de 5cm e de uma oblíqua variável (incluindo a posição horizontal) cuja origem está situada a 5cm da primeira. A comparação é dificultosa para o adulto, que comete erros grosseiros, mas é bem melhor aos 5 e 6 anos, porque os pequenos não se preocupam com a orientação das linhas (e a prova está em que, quando se testa essa própria orientação, comparando as figuras entre si, eles cometem então o *máximo* de erros, ao passo que a estimação se torna fácil para o adulto). De 5-6 a 12 anos o erro tocante aos comprimentos cresce até 9-10 anos, em que passa por um *máximo* para diminuir ligeiramente em seguida (graças a novas atividades perceptivas de transporte dos comprimentos independentemente das direções). Ora, a idade de 9-10 anos é precisamente aquela em que se organiza, no domínio da inteligência, o sistema das coordenadas operatórias, portanto aquela em que o sujeito começa a observar as direções, o que lhe estorva, então, nesse caso, a avaliação perceptiva dos comprimentos.[25]

---

[25] P. Dadsetan completou, em seguida, a experiência precedente fazendo julgar a horizontalidade de uma reta desenhada no interior de um triângulo cuja base é oblíqua, o todo figurado numa grande folha branca de papel, cujos bordos estão cheios de traços pretos para facilitar o estabelecimento de refetências. Sem entrar no pormenor dos resultados, realcemos o principal: só lá pelos 9-10 anos, pela segunda vez, a criança se torna sensível às referências de conjunto (exteriores ao triângulo), porque, sob a influência das coordenadas operatórias nascentes, chega, mas só então, a encontrar a "idéia de olhar" para os bordos da folha, saindo enfim das fronteiras da figura triangular. Testando, aliás, nos mesmos sujeitos, a capacidade de utilizar as coordenadas operatórias (fazendo antecipar a linha de superfície da água num frasco, quando se inclinará o frasco: veja cap. III, § III), Dadsetan encontrou ligeiro adiantamento da coordenação operatória na experiência de percepção, o que mostra, mais uma vez, o papel da inteligência na programação da atividade perceptiva.

De modo geral, vê-se, dessa maneira, que as atividades perceptivas se desenvolvem com a idade até poderem dobrar-se às diretivas que lhe sugere a inteligência em seus progressos operatórios. Mas antes que se constituam as operações do pensamento, é a ação inteira que exerce o papel de orientação, como se viu no cap. II, § I. Não se podem, portanto, considerar as atividades perceptivas resultado de simples extensão ou de simples abrandamento dos efeitos de campo, assim como o sugere a perspectiva própria da teoria da *Gestalt*. São, pelo contrário, os efeitos de campo que aparecem como sedimentações locais de atividades perceptivas de níveis variados, pois as há precoces, e os estabelecimentos de relações ou comparações, pelo menos globais, têm início desde as primeiras semanas.

IV — *Percepções, noções e operações*

Estabelecidos esses dados, podemos voltar ao problema ventilado na introdução do capítulo: o desenvolvimento das percepções é suficiente para explicar o da inteligência ou, pelo menos, o do seu conteúdo (noções), ou o sensualismo esqueceu simplesmente o papel da ação e de seu esquematismo sensório-motor, podendo este constituir, ao mesmo tempo, a origem das percepções e o ponto de partida das operações ulteriores do pensamenro?

1. *Métodos.* — Pelo que toca às noções, a tese mínima do empirismo é que o seu conteúdo é tirado da percepção, consistindo simplesmente a sua forma num sistema de abstrações e generalizações, sem estruturação construtiva, ou seja, fonte de ligações estranhas ou superiores às relações fornecidas pela percepção. Vamos verificar, pelo contrário, que tal estruturação se manifesta sem cessar, procede da ação ou das operações, e enriquece as noções de conteúdos não perceptivos (além, naturalmente, das informações tiradas da percepção), porque, desde o princípio, o esquematismo sensóriomotor ultrapassa a percepção e ele, em si mesmo, não é perceptível.

O método que se há de seguir, para discutir o problema, consiste em escolher certo número de noções, cuja evolução pré-operatória e operatória se conhece bem, e analisar as percepções correspondentes (por exemplo, as percepções da velocidade para as noções de velocidade etc.) de maneira que se decida se bastam ou não a explicar as noções.

Encontram-se, a esse respeito, quatro espécies de situações. A primeira (situação I) é aquela em que a percepção e a noção (ou pré-noção) aparecem no mesmo nível, sendo então a noção constituída de um esquema sensório-motor e não ainda representativo. Vimos no § I exemplos dessas relações (objeto permanente, constâncias perceptivas ou efeito túnel, causalidade sensório-motora e perceptiva) que são, nesse caso, relações de interação, pois o esquema sensório-motor não pode reduzir-se às estruturas perceptivas correspondentes.

As situações II, III e IV apresentam-se, como se verá, quando a formação das percepções é muito anterior à das noções correspondentes, consistindo estas últimas, desta feita, em conceitos representativos.

2. *Noções e percepções projetivas.* — Na situação de forma II há evolução divergente entre noção e percepção. Por exemplo, as noções e representações de perspectivas (apequenamento a distância, fugentes etc.) só aparecem a partir de 7 anos (compreensão das mudanças de grandeza ou de forma segundo o ponto de vista, representação da perspectiva no desenho etc.) e encontram uma etapa de equilíbrio aos 9-10 anos (coordenação dos pontos de vista em relação a um conjunto de três objetos). Em compensação, a percepção das grandezas projetivas ou aparentes (julgar a igualdade das grandezas aparentes de uma haste, constante, de 10cm situada a 1m, e de uma haste, variável, situada a 4m, que deveria ter então 40cm) é muito difícil para o adulto, com exceção dos desenhistas profissionais (o adulto médio escolhe, nesse caso, uma haste de cerca de 20cm a 4m!) ao passo que a criança de 6-7 anos tem muita dificuldade em compreender a questão, mas, depois de compreendê-la, apresenta resultados bem melhores. Depois disso, a percepção se deteriora, ao mesmo passo que a noção se desenvolve, o que prova por si mesmo que esta não deriva, sem mais, daquela: nesse domínio,

a percepção só fornece, com efeito, instantâneos correspondentes a este ou àquele ponto de vista, que é o do sujeito no momento considerado, ao passo que a noção supõe a coordenação de todos os pontos de vista e a compreensão das transformações que conduzem de um ponto de vista a outro.

3. *Constâncias perceptivas e conservações operatórias.* — As situações de forma III são aquelas em que há, ao contrário, isomorfismo parcial entre a construção das percepções e a das noções correspondentes e em que, por conseguinte, a percepção prefigura a noção, consoante a excelente expressão de Michotte. Mas o termo prefiguração pode empregar-se em dois sentidos bem distintos: o de uma filiação propriamente dita, e é nela que pensa Michotte, cujos vínculos gestaltistas e aristotélicos se conhecem, ou o de uma simples analogia nos processos de construção, com parentesco colateral e não direto, sendo a origem comum o esquematismo sensório-motor.

Podem citar-se como exemplo dessas prefigurações simples as relações que unem as constâncias perceptivas, de que já falamos (cap. II, § I), às conservações operatórias, de que trataremos mais adiante (cap. IV, § I). As duas consistem, com efeito, em conservar alguma propriedade do objeto: a sua grandeza real ou a sua forma, no caso das conservações operatórias, quando se transfunde um líquido de um recipiente em outro ou se modifica a forma de uma bolinha de argila. As duas repousam, por outro lado, em mecanismos de compensação por composição multiplicativa (no sentido lógico do termo). No caso da constância das grandezas, a grandeza aparente diminui quando a distância aumenta e a grandeza real é percebida na qualidade de resultante, aproximadamente constante, da coordenação dessas duas variáveis. No caso da conservação da matéria, a quantidade de líquido é julgada permanente quando a criança, embora verifique que a altura do nível aumenta num copo mais estreito, verifica também que a largura da coluna diminui e, por conseguinte, o produto é constante por compensação (compensação lógica ou dedutiva, é claro, sem nenhuma medida nem cálculo numérico). Há, pois, analogia de construção ou isomorfismo parcial entre os mecanismos das constâncias e das conservações.

Sem embargo, as primeiras conservações operatórias só começam aos 7-8 anos (substância) e se escalonam até 12 anos (volume), conservando-se ausente o mecanismo das compensações dedutivas durante todo o período preparatório até 6-7 anos. As constâncias perceptivas aparecem, em compensação, como já vimos, desde o primeiro ano (período sensório-motor). É verdade que evoluem ainda até cerca de 10 anos: os sujeitos de 5-7 anos depreciam um tanto as grandezas a distância, depois os grandes e o adulto as superestimam (superconstância por excesso de compensação). Mas o mecanismo das compensações perceptivas entra em atividade desde 6 a 12 meses, ou seja, cerca de 7 anos antes do das compensações operatórias.

Para julgar o parentesco genético ou a filiação eventual entre as constâncias e as conservações, cumpre, portanto, explicar primeiro essa diferença considerável. Ora, a sua razão é simples. No caso das constâncias perceptivas, o objeto não é modificado na realidade, mas apenas na aparência, isto é, apenas do ponto de vista do sujeito. Nesse caso não é preciso raciocinar para corrigir a aparência, e basta uma regulação perceptiva (donde o caráter aproximativo das constâncias e as hiper-regulações que acarretam as superconstâncias). Em compensação, no caso das conservações, o objeto é modificado em realidade e, para compreender a invariância, é preciso construir operatoriamente um sistema de transformações que assegure as compensações.

Conclui-se, portanto, que se as constâncias e as conservações se constroem de modo análogo, por compensações regulativas ou operatórias, as segundas não derivam, portanto, das primeiras, em face da sua complexidade bem superior. Elas são, pois, parentas, mas parentas colaterais: as conservações operatórias constituem um prolongamento direto dessa forma precoce de invariante, que é o esquema do objeto permanente (precoce porque o objeto não está, então, modificado, senão apenas deslocado, como no caso das constâncias, mas saindo inteiramente do campo perceptivo) e, como já vimos, entre os esquemas e as constantes nascentes existem interações.

4. As situações de forma IV apresentam prefigurações análogas às precedentes, mas com ação de retorno da inteligência sobre a percepção.[26]

5. *Conclusão.* — De modo geral, não se pode, dessarte, conceber as noções da inteligência como abstraídas, sem mais, das percepções por simples processos de abstração e generalização, pois, além das informações perceptivas, comportam sempre, ainda, construções específicas de natureza mais ou menos complexa. No caso das noções lógico-matemáticas, elas supõem um jogo de operações abstratas, não objetos percebidos senão ações exercidas sobre os objetos, o que não é absolutamente a mesma coisa, pois, se cada ação pode dar lugar a percepções êxtero e proprioceptivas, os esquemas dessas ações já não são perceptíveis. Quanto às noções físicas etc., a parte de informação perceptiva necessária é então maior, mas, por mais elementares que sejam na criança, tais noções também não podem ser elaboradas sem uma estruturação lógico-matemática que ultrapasse de novo a percepção.

Quanto às próprias operações, das quais tratarão os capítulos IV e V, sabe-se perfeitamente que Max Wertheimer, um dos criadores da teoria da *Gestalt*, tentou reduzi-las a essa estrututa[27] e que o gestaltismo interpreta toda a inteligência como extensão a domínios cada vez mais amplos das "formas" que governam inicialmente o mundo das percepções. Ora, não somente tudo o que acaba de ser dito (1 a 4) contradiz semelhante interpretação, mas também, no que concerne às operações como tais, pode-se rematar este capítulo com as seguintes considerações. As estruturas perceptivas são essencialmente irreversíveis enquanto repousam num modo de compo-

---

[26] Pode-se citar como exemplo o já discutido das coordenadas perceptivas. Há aqui prefiguração da noção na percepção no sentido de que, em todos os níveis perceptivos, certas direções são avaliadas em função de referências (o próprio corpo ou os elementos próximos do objeto considerado), mas depois de constituídas as coordenadas operatórias, como generalizações das operações de medida em duas ou três dimensões, elas agem, em compensação, sobre a percepção, como vimos no § III.
[27] *Productive Thinking*, Nova York, Harper, 1945.

sição probabilista, evidente no terreno dos efeitos de campo, mas ainda em jogo nas regulações próprias às atividades perceptivas (posto que essas regulações atenuem a parte do acaso ou da mistura irreversível). Ora, as operações, embora também constituam estruturas de conjunto, são essencialmente reversíveis: $+ n$ é exatamente anulado por $- n$. Por outro lado, e como conseqüência, as estruturas perceptivas comportam uma composição não aditiva, e é precisamente por esse caráter que os gestaltistas definem a sua noção central de *Gestalt*: ora, uma operação é rigorosamenre aditiva, pois $2 + 2$ são exatamente 4 e não um pouco mais ou um pouco menos, como se se tratasse de estrutura perceptiva. Parece, portanto, que não se podem excluir as operações ou a inteligência em geral dos sistemas perceptivos e, ainda que as formas pré-operatórias do pensamento apresentem todos os tipos de estados intermediários, que lembram as formas perceptivas, subsiste, entre a irreversibilidade das adaptações perceptivas às situações *hic et nunc* e as construções reversíveis próprias às conquistas lógico-matemáticas da inteligência operatória, uma dualidade fundamental de orientação, tanto do ponto de vista genético quanto do ponto de vista dos seus destinos na história do pensamento científico.

CAPÍTULO III

A FUNÇÃO SEMIÓTICA OU SIMBÓLICA

Ao cabo do período sensório-motor, entre 1 ano e meio e 2 anos, surge uma função fundamental para a evolução das condutas ulteriores, que consiste em poder representar alguma coisa (um "significado" qualquer: objeto, acontecimento, esquema conceptual etc.) por meio de um "significante" diferenciado e que só serve para essa representação: linguagem, imagem mental, gesto simbólico etc. Depois de Head e dos especialistas da afasia, chama-se em geral "simbólica" a essa função geradora da representação, mas como os lingüistas distinguem cuidadosamente os "símbolos" e os "sinais", é preferível empregar com eles a expressão "função semiótica" para designar os funcionamentos fundados no conjunto dos significantes diferenciados.

I — *A função semiótica e a imitação*

Os mecanismos sensório-motores ignoram a representação e não se observa, antes do correr do segundo ano, conduta que implique a evocação de um objeto ausente. Quando se constitui, cerca dos 9-12 meses, o esquema do objeto permanente, há, sem dúvida, procura de um objeto desaparecido: mas ele acaba de ser percebido, e corresponde, portanto, a uma ação já em curso, e um conjunto de indícios atuais permite encontrá-lo. Se ainda não há representação, há, não obstante, e mesmo desde o início, constituição e utilização de significações, pois toda assimilação sensório-motora (inclusive a perceptiva) já consiste em conferir significações. Mas se há desde o princípio significação e, portanto, dualidade entre "significados" (= os próprios esquemas com os seus conteúdos relativos às ações em curso) e "significantes", estes são sempre perceptivos e, portanto, ainda não diferençados dos seus significados, o que não permite que se fale, nesse nível, em função semiótica. Um significante não diferençado ainda não é, com efeito, nem um "símbolo" nem um "sinal" (no sentido dos sinais verbais): é, por definição, um "indício" (incluindo os "sinais" que intervêm no condicionamento, como o som da campainha que anuncia a comida). Um indício, efetivamente, não se estrema do seu significado no sentido de que constitui um aspecto dele (a brancura para o leite), uma parte dele (o setor visível para um objeto semi-escondido), um antecedente temporal dele (a porta que se abre para a chegada da mamãe), um resultado causal dele (uma nódoa) etc.

I. *Aparecimento da função semiótica*. — No curso do segundo ano (e em continuidade com o estádio VI do § I), surge, ao contrário, um conjunto de condutas que supõe a evocação representativa de um objeto ou de um acontecimento ausente e envolve, por conseguinte, a construção ou o emprego de significantes diferençados, visto que devem poder referir-se não só a elementos não atualmente perceptíveis mas também aos que se acham presentes. Distinguem-se, pelo menos, cinco dessas condutas, de aparecimento mais ou menos simultâneo, e que vamos enumerar na ordem de complexidade crescente:

A PSICOLOGIA DA CRIANÇA 53

1) Há, primeiro que tudo, a *imitação diferida*, isto é, aquela que principia na ausência do modelo. Numa conduta de imitação sensório-motora a criança começa imitando em presença do modelo (por exemplo, um movimento da mão), depois pode continuar a fazê-lo na ausência do modelo sem que isso implique nenhuma representação em pensamento. Ao contrário, no caso de uma garotinha de 16 meses, que vê um companheirinho zangar-se, chorar e bater os pés (espetáculos novos para ela), mas somente uma ou duas horas após a sua partida, imita a cena a rir, a imitação diferida constitui início de representação e o gesto imitativo, princípio de significante diferençado.

2) Há, em seguida, o *jogo simbólico*, ou jogo de ficção, desconhecido no nível sensório-motor. A mesma garotinha inventou o primeiro jogo simbólico ao fingir dormir, sentada e sorrindo largamente, mas de olhos fechados, cabeça inclinada, polegar na boca e segurando um canto de pano, que simula o canto do travesseiro, consoante o ritual costumeiro que observa ao adormecer; pouco depois, faz dormir o seu urso de pelúcia, enfia uma conchinha numa caixa dizendo "miau" (acaba de ver um gato num muro) etc. Em todos esses casos, a representação é nítida e o significante diferençado é, de novo, um gesto imitativo, porém acompanhado de objetos que se vão tornando simbólicos.

3) O *desenho* ou imagem gráfica, nos seus primórdios, é intermediário entre o jogo e a imagem mental, embora quase não apareça antes dos 2 anos ou dos 2 anos e meio.

4) Vem, em seguida, mais cedo ou mais tarde, a *imagem mental*, da qual não se observa traço algum no nível sensório-motor (pois, do contrário, o descobrimento do objeto permanente seria grandemente facilitado) e que surge como imitação interiorizada.

5) Enfim, a linguagem nascente permite a *evocação verbal* de acontecimentos não atuais. Quando a garotinha há pouco citada diz "miau", já sem ver o gato, há representação verbal além de imitação. Quando, algum tempo depois, diz "Panéné pati" (= *grand-papa parti* = vovô foi embora) mostrando o caminho em declive que ele seguiu ao deixá-la, a representação

apóia-se exclusivamente (ou fazendo-se acompanhar de uma imagem mental) no significante diferençado constituído pelos sinais da língua em vias de aprendizagem.

2. *O papel da imitação.* — Sendo estas as primeiras manifestações da função semiótica, o problema reside, primeiro, em compreender-lhe o mecanismo da formação. Mas a solução do problema é muito simplificada pelo fato de repousarem as quatro primeiras dessas cinco formas de condutas na imitação e de adquirir-se a própria linguagem, que, ao contrário das condutas precedentes, não é inventada pela criança, num contexto necessário de imitação (pois se ela só se aprendesse por um jogo de condicionamentos, como amiúde se diz, deveria aparecer desde o segundo mês). Ora, a imitação constitui, ao mesmo tempo, a prefiguração sensório-motora da representação e, por conseguinte, a passagem do nível sensório-motor para o das condutas propriamente representativas.

A imitação, em primeiro lugar, é uma prefiguração da representação, isto é, constitui, no decurso do período sensório-motor, uma espécie de representação em atos materiais e ainda não em pensamento.[28]

---

[28] A imitação começa (desde os estádios II e III do cap. I, § I) por uma espécie de contágio ou ecopraxia devido ao fato de que, quando outra pessoa executa diante da criança gestos que ela mesma sabe efetuar (quando ela acaba de fazê-los após um intervalo), há assimilação desses espetáculos aos esquemas próprios e desencadeamento destes últimos. Em seguida, o sujeito aplica-se a reproduzir os modelos por interesse pela própria reprodução e não mais por assimilação automática, o que assinala o princípio da função de certo modo pré-representativa representada pela imitação; mais adiante, vem a criança, muito depressa, a copiar gestos novos para ela, mas na medida em que são executáveis em regiões visíveis do próprio corpo. Uma nova etapa essencial inicia-se quando se trata de modelos relativos ao rosto (abrir e fechar a boca ou os olhos etc.): a dificuldade reside então em que o próprio rosto só é conhecido tactilmente e o de outra pessoa visualmente, à parte algumas raras explorações tácteis desse rosto alheio, muito interessantes de se notarem nesse nível em que a criança constrói correspondências entre as escalas visuais e táctil-cinestésicas

Ao cabo do período sensório-motor, a criança adquiriu virtuosidade suficiente, no domínio da imitação assim generalizada, para possibilitar a imitação diferida: com efeito, a representação em ato libera-se, então, das exigências sensório-motoras de cópia perceptiva direta para atingir um nível intermediário em que o ato, desligado do contexto, se torna significante diferençado e, por conseguinte, já em parte, representação em pensamento. Com o jogo simbólico e o desenho, reforça-se a passagem da representação em ato à representação-pensamento: o "fingir dormir" do exemplo há pouco citado ainda não é, em si mesmo, senão um ato destacado do contexto, mas é, além disso, um símbolo generalizável. Com a imagem mental, em seguida, a imitação já não é apenas diferida, senão interiorizada e a representação que ela possibilita, dissociada assim de todo ato exterior em proveito desses esboços ou bosquejos internos de ações que a suportarão, dali por diante está pronta para tornar-se pensamento. A aquisição da linguagem, tornada acessível nesses contextos de imitação, cobre finalmente o conjunto do processo, assegurando um contato com outrem muito mais vigoroso do que a simples imitação e permitindo, portanto, à representação nascente aumentar os seus poderes apoiada na comunicação.

---

para poder generalizar a imitação às partes não visíveis de seu corpo. Enquanto essas correspondências não são elaboradas, a imitação dos movimentos do rosto permanece impossível ou acidental: o bocejo, por exemplo, tão contagioso mais tarde, não será imitado antes de um ano mais ou menos, se for apresentado silenciosamente. Construídas as correspondências graças a uma série de indícios (sonoros etc.), generaliza-se a imitação e vê-se, então, o papel importante que ela desempenha desde esse nível como instrumento de conhecimento do próprio corpo em analogia com o de outrem. Não é, portanto, exagerado considerá-la uma espécie de representação em ato, e é desse ponto de vista que se pode acompanhar Baldwin, quando vê nela um instrumento essencial da construção complementar do outrem e do eu.

3. — Em resumo, a função semiótica engendra, dessa maneira, duas espécies de instrumentos: os *símbolos*, que são "motivados", isto é, apresentam, embora significantes diferençados, alguma semelhança com os seus significados, e os *sinais*, que são arbitrários ou convencionais. Enquanto motivados os símbolos podem ser construídos só pelo indivíduo, e os primeiros símbolos do jogo da criança são bons exemplos dessas reações individuais, que não excluem, naturalmente, os simbolismos coletivos ulteriores: a imitação diferida, o jogo simbólico e a imagem gráfica ou mental dependem, então, diretamente da imitação, não como transmissão de modelos exteriores já feitos (pois há uma imitação de si mesmo como de outrem, como o demonstra o exemplo citado do jogo de simular o sono), mas como passagem da pré-representação em ato à representação interior ou pensamento. Sendo convencional, ao contrário, o sinal é necessariamente coletivo: a criança o recebe, pois, pelo canal da imitação, mas, desta feita, com aquisição de modelos exteriores; entretanto, modela-o imediatamente à sua maneira e o utiliza como se verá no capítulo III, § VI.

II — *O jogo simbólico*

O jogo simbólico assinala, sem dúvida, o apogeu do jogo infantil. Mais ainda do que as duas ou três outras formas de jogo, de que também trataremos, corresponde à função essencial que o jogo exerce na vida da criança. Obrigada a adaptar-se, sem cessar, a um mundo social de mais velhos, cujos interesses e cujas regras lhe permanecem exteriores, e a um mundo físico que ela ainda mal compreende, a criança não consegue, como nós, satisfazer as necessidades afetivas e até intelectuais do seu eu nessas adaptações, as quais, para os adultos, são mais ou menos completas, mas que permanecem para ela tanto mais inacabadas quanto mais jovem for. É, portanto, indispensável ao seu equilíbrio afetivo e intelectual que possa dispor de um setor de atividade cuja motivação não seja a adaptação ao real senão, pelo contrário, a assimilação do real ao eu, sem coações nem sanções: tal é o jogo, que transforma o real por assimilação mais ou menos pura às necessidades do eu, ao passo que a imitação (quando constitui fim em si mesma) é acomodação mais ou menos pura aos modelos exteriores e a inteligência é equilíbrio entre a assimilação e a acomodação.[29] Além disso, o instrumento essencial da adaptação social é a linguagem, que não é inventada pela criança, mas lhe é transmitida em formas já prontas, obrigadas e de natureza coletiva, isto é, novamente impróprias para exprimir as necessidades ou as experiências vividas do eu. É, portanto, indispensável à criança que possa dispor igualmente de um meio de expressão próprio, isto é, de um sistema de significantes construídos por ela e dóceis às suas vontades: tal é o sistema dos símbolos próprios do jogo simbólico, tomados de empréstimo à imitação a título de instrumentos, mas a uma imitação não procurada por si mesma e simplesmente utilizada como meio evocador a serviço da assimilação lúdica: tal é o jogo simbólico, que não é apenas assimilação do real ao eu, como o jogo em geral, mas assimilação assegurada (o que a reforça) por uma linguagem simbólica construída pelo eu e modificável à medida das necessidades.[30]

---

[29] J. Piaget, *La formation du symbole chez l'enfant*, Delachaux & Niestlé, 1945.
[30] Existem três categorias principais de jogo e uma quarta que faz a transição entre o jogo simbólico e as atividades não lúdicas ou adaptações "sérias". A forma primitiva do jogo, a única representada no nível sensório-motor, mas que se conserva em parte com o passar do tempo, é o "jogo de exercício", que não comporta nenhum simbolismo nem técnica nenhuma especificamente lúdica, mas que consiste em repetir pelo prazer das atividades adquiridas, aliás, com uma finalidade de adaptação: por exemplo, tendo descoberto por acaso a possibilidade de balançar um objeto suspenso, a criança reproduz primeiro o resultado para adaptar-se a ele e para compreendê-lo, o que não é jogo; depois, feito isto, utiliza essa conduta por simples "prazer funcional" (K. Bühler) ou pelo prazer de ser causa e afirmar um saber recentemente adquirido (o que faz ainda o adulto com um automóvel novo ou

A função de assimilação ao eu, que exerce o jogo simbólico, manifesta-se nas mais diversas formas particulares, na maior parte dos casos afetivos, porém a serviço, às vezes, de interesses cognitivos. Uma garotinha que havia feito diversas perguntas sobre o mecanismo dos sinos, observado num velho campanário de aldeia, mantém-se imóvel e em pé ao lado da mesa do pai, fazendo um barulho ensurdecedor: "Você está me atrapalhando um pouco, não vê que estou trabalhando?" acode o pai. E a pequena: "Não fale comigo, sou uma igreja." Da mesma forma, profundamente impressionada por um pato depenado sobre a mesa da cozinha, a criança é encontrada, à noite, estendida num canapé, a ponto de a cuidarem doente e de a crivarem de perguntas, a princípio sem respostas; depois, com voz fraca, ela acaba explicando: "Eu sou o pato morto!" Vê-se, por esses exemplos, que o simbolismo lúdico pode chegar a exercer a função do que seria, para um adulto, a linguagem interior mas, em vez de repensar simplesmente num acontecimento interessante ou impressionante, a criança tem necessidade de um simbolismo mais direto, que lhe permita reviver o acontecimento em lugar de se contentar com uma evocação mental.[31]

Dessas múltiplas funções do jogo simbólico se extraíram diferentes teorias que se diziam explicativas do jogo em geral, hoje inteiramente fora

---

um novo aparelho de televisão). Depois vem o jogo simbólico, cujas características se viram, e que encontra o seu apogeu entre 2-3 e 5-6 anos. Em terceiro lugar, aparecem os jogos de regras (bolas de gude, amarelinha etc.) que se transmitem socialmente de criança para criança e aumentam, portanto, de importância com o progresso da vida social da criança. Enfim, a partir do jogo simbólico se desenvolvem os jogos de construção, ainda impregnados, no princípio, de simbolismo lúdico, mas que tendem, com o passar do tempo, a constituir verdadeiras adaptações (construções mecânicas etc.) ou soluções de problemas e criações inteligentes.
[31] Mas são sobretudo os conflitos afetivos que reaparecem no jogo simbólico. Podemos ter certeza, por exemplo, quando ocorre alguma cenazinha banal ao almoço, que uma ou duas horas depois o drama será reproduzido num brinquedo de bonecas e, sobretudo, conduzido a uma solução mais feliz, ou porque a criança aplica à sua boneca uma pedagogia mais inteligente do que a dos pais, ou porque integra no jogo o que o seu amor-próprio a impedia de aceitar à mesa (como acabar um prato de sopa julgado detestável, sobretudo se é a

A PSICOLOGIA DA CRIANÇA 59

de uso (sem falar na hipótese da recapitulação hereditária de Stanley-Hall, que anunciava, no domínio do jogo, as concepções mais aventurosas de Jung no que concerne aos símbolos inconscientes). A principal dessas teorias antigas é a de Karl Groos, que teve o grande mérito de ter sido o primeiro a descobrir que o jogo das crianças (e dos animais) apresenta significação funcional essencial e não é simples passatempo. Mas ele via no jogo um pré-exercício das atividades futuras do indivíduo, o que é verdadeiro, mas evidente, se nos limitarmos a dizer que o jogo, como toda função geral, é útil ao desenvolvimento, embora perca toda e qualquer significação quando passamos aos pormenores: a criança que brinca de igreja prepara-se para ser ornitólogo? Teoria muito mais profunda é a de J. J. Buytendijk, que liga o jogo às leis da "dinâmica infantil", embora essa dinâmica não seja, em si mesma, lúdica e, para explicar o que o jogo apresenta de específico, parece necessário, como o propusemos mais acima, apelar para um pólo de assimilação do eu, distinto do pólo acomodador de imitação e do equilíbrio entre eles (inteligência);[32] no jogo simbólico, a assimilação sistemática traduz-se, portanto, pela utilização particular da função semiótica, que consiste em construir símbolos à vontade, para exprimir tudo o que, na experiência vivida, só poderia ser formulado e assimilado pelos meios da linguagem.

---

boneca que a absorve simbolicamente). Podemos ter igualmente certeza, se a criança teve medo de um canzarrão, de que as coisas se arranjarão num jogo simbólico, quando os cães deixarão de ser maus ou as crianças se tornarão corajosas. De modo geral, o jogo simbólico pode servir ainda para a liquidação de conflitos, mas também para a compensação de necessidades não satisfeitas, para a inversão de papéis (obediência e autoridade), para a liberação e extensão do eu etc.
[32] Em trabalho recente, muito penetrante e muito vivo, sobre os *Jogos do espírito*, Paris, 1963, edição do Scarabée, J. G. Grandjouan acha insuficiente a interpretação do jogo pelo primado da assimilação, mas coloca toda a ênfase nos jogos de regras, ao passo que o jogo específico da primeira infância nos parece constituído pelo jogo simbólico, ligado por todos os intermediários ao pensamento não lúdico e que dela não difere, dessa forma, senão pelo grau de assimilação do real ao eu.

Ora, esse simbolismo centrado no eu[33] não consiste apenas em formular e alimentar os diversos interesses conscientes do sujeito. O jogo simbólico apóia-se também, não raro, em conflitos inconscientes: interesses sexuais, defesa contra a angústia, fobias, agressividade ou identificação com agressores, recuos por medo do risco ou da competição etc. O simbolismo do jogo confunde-se, nesse caso, com o do sonho, a tal ponto que os métodos específicos de psicanálise infantil utilizam freqüentemente materiais de jogo (Melanie Klein, Anna Freud etc.). Somente o freudismo interpretou, durante muito tempo, o simbolismo do sonho (sem falar nos exageros, talvez inevitáveis, que comporta a interpretação dos símbolos, quando não se dispõe de meios suficientes de controle) como uma espécie de disfarce devido a mecanismos de recalque e de censura. Os limites tão vagos entre a consciência e o inconsciente, como o revela o jogo simbólico da criança, levam-nos antes a pensar que o simbolismo do sonho é análogo ao do jogo, porque a pessoa que dorme perde, ao mesmo tempo, a utilização racional da linguagem, o senso do real e os instrumentos dedutivos ou lógicos da inteligência: encontra-se, então, sem o querer, na situação de assimilação simbólica que a criança procura por si mesma. Bem vira C. G. Jung que esse simbolismo onírico consiste numa espécie de linguagem primitiva, o que corresponde, portanto, ao que acabamos de ver do jogo simbólico, e teve o mérito de estudar e mostrar a grande generalidade de certos símbolos. Mas, sem prova alguma (a despreocupação do controle é ainda mais notável na escola junguiana do que nas escolas freudianas) passou da generalidade ao inatismo e à teoria dos arquétipos hereditários. Ora, encontrar-se-ia, sem dúvida, uma generalidade tão grande nas leis do simbolismo lúdico da criança. E como a criança é anterior ao homem, mesmo pré-histórico (lembramo-lo em nossa *Introdução*), é talvez no estudo ontogenético dos mecanismos formadores da função semiótica que se encontrará a solução do problema.

---

[33] Já não dizemos "egocêntrico", como se exprimia outrora um de nós, pois os psicólogos ignoram ainda com freqüência o costume das ciências exatas de só discutirem um termo em função das definições propostas por oposição às significações e associações correntes.

III — O desenho

O desenho é uma forma de função semiótica que se inscreve a meio caminho entre o jogo simbólico, cujo mesmo prazer funcional e cuja mesma autotelia apresenta, e a imagem mental, com a qual partilha o esforço de imitação do real. Luquet faz do desenho um jogo, mas acontece que, mesmo em suas formas iniciais, ele não assimila qualquer coisa a qualquer coisa e permanece, como a imagem mental, mais próximo da acomodação imitativa. Com efeito, constitui ora uma preparação, ora uma resultante desta última e, entre a imagem gráfica e a imagem interior (o "modelo interno" de Luquet) existem inumeráveis interações, pois as duas derivam diretamente da imitação.[34]

Nos seus célebres estudos sobre o desenho infantil, Luquet[35] propôs estádios e interpretações que continuam válidos até hoje. Antes dele, sustentavam os autores duas opiniões contrárias: uns admitiam que os primeiros desenhos de crianças são essencialmente realistas visto que se limitam a modelos efetivos sem desenhos de imaginação até muito tarde; outros insistiam, pelo contrário, na idealização que revelam os desenhos primitivos. Luquet parece haver liquidado definitivamente a questão mostrando que o desenho da criança até 8-9 anos é essencialmente realista na intenção, mas que o sujeito começa desenhando o que *sabe* de um personagem ou de um objeto, muito antes de exprimir graficamente o que nele *vê*: observação fundamental, cujo alcance total voltaremos a

---

[34] A falar verdade, a primeira forma do desenho não parece imitativa e participa ainda de um jogo puro, porém de exercício: são as garatujas a que se entrega a criança de 2 a 2 anos e meio, quando lhe fornecem um lápis. Não demora, porém, que o sujeito cuide reconhecer formas no que garatuja sem finalidade, de tal sorte que tenta, logo depois, repetir de memória um modelo, por menos semelhante que seja a sua expressão gráfica do ponto de vista objetivo: a partir dessa intenção o desenho é, portanto, imitação e imagem.
[35] G. Luquet, *Le dessin enfantin*, Alcan, 1927.

encontrar a propósito da imagem mental, que também é conceptualização antes de redundar em boas cópias perceptivas.

O realismo do desenho passa, portanto, por diferentes fases. Luquet denomina "realismo fortuito" o da garatuja com significação descoberta em seu desenrolar. Vem depois o "realismo gorado" ou fase de incapacidade sintética, em que os elementos da cópia estão justapostos em vez de estarem coordenados num todo: um chapéu muito acima da cabeça ou botões ao lado do corpo. O badameco, que é um dos modelos predominantes no princípio, passa, aliás, por um estádio de grande interesse: o dos "badamecosgirinos" em que se representa apenas uma cabeça munida de apêndices filiformes, que são as pernas, ou munida de braços e de pernas, mas sem tronco.

Vem, em seguida, o período essencial do "realismo intelectual", em que o desenho sobrepujou as dificuldades primitivas mas em que apresenta, essencialmente, os atributos conceptuais do modelo, sem preocupação de perspectiva visual. É assim que um rosto visto de perfil terá um segundo olho porque o badameco tem dois olhos ou o cavaleiro terá uma perna vista através do cavalo, além da perna visível; ver-se-ão, da mesma forma, batatas no interior da terra de um campo, se ainda lá estiverem, ou no estômago de um cidadão etc.[36]

Aos 8-9 anos, pelo contrário, a esse "realismo intelectual" sucede um "realismo visual", que exibe duas novidades. De um

---

[36] A essa "transparência" se acrescentam misturas de pontos de vista ou pseudo-rebaixamento: Luquet cita o exemplo de um desenho de carro em que o cavalo é visto de perfil, o interior do carro é visto de cima e as rodas caídas no plano horizontal. Cumpre mencionar, além disso, o processo interessante de figuração das narrativas. Ao passo que a nossa imaginária adulta, pelo menos moderna, só figura uma seção de acontecimentos simultâneos, por desenho, sem introduzir nele ações cronológicas sucessivas, a criança, como certos pintores primitivos, utilizará um único desenho para um desenvolvimento cronológico: ver-se-á, por exemplo, uma montanha com cinco ou seis badamecos que são o mesmo personagem em cinco ou seis posições sucessivas.

A PSICOLOGIA DA CRIANÇA 63

lado, o desenho já não representa o que é visível de um ponto de vista perspectivo particular: um perfil não fornece mais do que o que se mostra de perfil, as partes escondidas dos objetos já não são figuradas atrás dos objetos que as escondem (dessa maneira, só se verá a copa de uma árvore atrás de uma casa e não mais a árvore inteira) e os objetos de segundo plano são gradualmente apequenados (fugentes) em relação aos do primeiro plano. Por outro lado, o desenho toma em consideração a disposição dos objetos segundo um plano de conjunto (eixos de coordenadas) e de suas proporções métricas.

O interesse desses estádios de Luquet é duplo. Constituem, primeiro, uma introdução notável ao estudo da imagem mental, a cujo respeito veremos (§ IV) que ela também obedece a leis mais próximas das da conceptualização do que das da percepção. Mas revelam, sobretudo, notável convergência com a evolução da geometria espontânea da criança, como buscamos estudá-la desde então.[37]

As primeiras intuições especiais da criança são, com efeito, topológicas antes de serem projetivas ou de se conformarem com a métrica euclidiana. Existe, por exemplo, um nível em que os quadrados, retângulos, círculos, elipses etc. são uniformemente representados por uma mesma curva fechada, sem retas nem ângulos (o desenho do quadrado só é aproximadamente correto depois dos 4 anos), ao passo que cruzes, arcos de círculo etc. serão figurados como figuras abertas. Cerca dos 3 anos, entre a garatuja e o "realismo gorado", obtivemos de crianças incapazes de copiar um quadrado cópias muito exatas de figuras fechadas que comportavam um circulozinho no interior das suas fronteiras ou no exterior ou mesmo na fronteira (ele está "entre fora", dizia então um sujeito).

Ora, se o "realismo intelectual" do desenho infantil ignora a perspecti-

---
[37] J. Piaget e B. Inhelder, *La représentation de l'espace chez l'enfant*, Presses Universitaires de France, 1947.

va e as relações métricas, toma em consideração ligações topológicas: vizinhanças, separações, envolvimentos, fechamentos etc. De um lado, dessas intuições topológicas procedem, a partir dos 7-8 anos, intuições projetivas ao mesmo tempo que se elabora uma métrica euclidiana, isto é, que aparecem os dois caracteres essenciais do "realismo visual" do desenho. Desde essa idade, aliás, se constituem a reta projetiva ou pontual (ligada à conduta da pontaria) e a perspectiva elementar: a criança torna-se capaz de antecipar, pelo desenho, a forma de um objeto que se apresenta mas que deve ser desenhado como seria visto por um observador colocado à direita ou defronte dela. A partir de 9-10 anos, o sujeito escolhe com acerto, entre vários, o desenho correto que representa três montanhas ou três edifícios vistos de tal ou tal ponto de vista. Por outro lado e sincronicamente, se constituem a reta vectorial (conservação de direção), o grupo representativo dos deslocamentos, a medida nascida da síntese da divisão e da ordem dos deslocamentos (veja cap. IV, § II), as semelhanças e proporções e o remate da medida de duas e três dimensões em função de um sistema de referências ou coordenadas naturais: a partir dos 9-10 anos (mas, coisa interessante, dificilmente antes disso), a média das crianças torna-se capaz de traçar antecipadamente o nível horizontal que assumirá a água num frasco ao qual se imprimam diversas inclinações, ou a linha vertical do mastro de um navio colocado sobre essa água (desenham-se os frascos sem sombra e a criança indica as horizontais e as verticais recorrendo a referências externas à figura, o que, precisamente, não sabe fazer antes disso.[38]

---

[38] Vê-se, assim, que a evolução do desenho é solidária com toda a estruturação do espaço, conforme os diferentes estádios desse desenvolvimento. Não é, pois, muito para admirar que o desenho da criança tenha podido servir de teste de desenvolvimento intelectual: P. Goodenough, Prudhommeaux e A. Rey forneceram úteis estudos nesse sentido, com escalas estandardizadas que se apóiam, em particular, nos estádios do "badameco". Houve até quem utilizasse o desenho como indicação afetiva, notadamente o psicanalista Morgensern, no caso das crianças que sofrem de mudez seletiva.

IV — As imagens mentais[39]

A psicologia associacionista considerava a imagem como prolongamento da percepção e elemento do pensamento, o qual se resumiria em associar entre si sensações e imagens. Já vimos (cap. I, § I) que, de fato, as "associações" são sempre assimilações. Quanto às imagens mentais, existem, pelo menos, duas boas razões para duvidar da sua filiação direta da percepção. Do ponto de vista neurológico, a evocação interior de um movimento desencadeia as mesmas ondas elétricas, corticais (*E.E.G.*) ou musculares (*E.M.G.*) que a execução material do movimento, o que quer dizer que a sua evocação supõe um esboço do movimento. Do ponto de vista genético, se a imagem prolongasse simplesmente a percepção, interviria desde o nascimento, mas não se lhe observa manifestação alguma no correr do período sensório-motor e ela parece estrear-se apenas com o aparecimento da função semiótica.[40]

1. *Os problemas da imagem*. — Dir-se-á também que as imagens mentais são de aparecimento relativamente tardio e resultam de

---

[39] J. Piaget e B. Inhelder, *L'image mentale chez l'enfant*, Presses Universitaires de France, 1966.
[40] É verdade que os psicanalistas admitem uma capacidade muito precoce de alucinar a realização dos desejos, mas seria preciso fornecer a prova. Pôde-se recentemente esperar a possibilidade de tal controle, pois N. Kleitmann e E. Aserinsky conseguiram tirar eletroretinogramas durante o sono, que parecem corresponder a imagens visuais de sonho (movimentos oculares rápidos, distintos dos movimentos lentos habituais). W. Dement conseguiu aplicar essa técnica a recém-nascidos, mas encontrou neles uma abundância desses movimentos rápidos bem superior à que ocorre depois e registraram-se igualmente no opussum (espécie de fóssil vivo) movimentos mais numerosos do que no gato ou no homem, o que parece indicar que esses movimentos rápidos apresentam outras funções (limpeza ou desintoxicação) antes de atingir as coordenações que permitem a evocação visual. Dement concluiu, portanto, que as suas pesquisas com E. A. Wolpert não confirmam a interpretação psicanalítica do sonho.

uma imitação interiorizada, não revelando a sua analogia com a percepção uma filiação direta, senão o fato de que essa imitação busca ministrar uma cópia ativa dos quadros perceptivos, com esboços eventuais de referências sensoriais.

Quanto ao problema das relações entre a imagem e o pensamento, tanto Binet quanto os psicólogos alemães da escola de Wurzburgo (de Marbe e Külpe a Bühler) mostraram a existência do que denominavam um pensamento sem imagem: pode-se imaginar um objeto, mas o juízo que lhe afirma ou nega a existência não é, ele próprio, acompanhado de imagem. Isso equivale a dizer que juízos e operações são estranhos à imagem, mas não exclui o fato de que esta desempenha um papel não como elemento do pensamento mas como auxiliar simbólico complementar da linguagem. Com efeito, esta última não se apóia senão em conceitos ou objetos conceptualizados na qualidade de classes singulares (meu "pai" etc.) e a necessidade subsiste, tanto no adulto quanto na criança, de um sistema de significantes que se firmem não em conceitos, senão em objetos como tais, e em toda a experiência perceptiva passada do sujeito: é à imagem que está destinado esse papel e o seu caráter de símbolo (em oposição a "sinal") permite-lhe adquirir uma semelhança, mais ou menos adequada e esquematizada, com os objetos simbolizados.

O problema suscitado pela imagem na psicologia da criança é, então, o de seguir, no correr do desenvolvimento, as relações entre o simbolismo acompanhado de imagem e os mecanismos pré-operatórios e operatórios do pensamento.[41]

---

[41] Esse problema é paralelo ao das relações entre a percepção e a inteligência (cap II, § IV), pois a percepção, a imitação e a imagem correspondem aos aspectos figurativos das funções cognitivas por oposição aos aspectos operativos (ações e operações). Nos dois casos, as questões consistem primeiro em estabelecer se o elemento figurativo (assim a imagem como a percepção) prefigura certas estrututas operatórias (noções etc.) e em que sentido: filiação ou analogia de construção? A questão consiste, a seguir, em determinar se a evolução dos elementos figurativos (imagens como percepções) segue marcha independente, por simples desenvolvimento interno, ou se supõe a contribuição de fatores externos como os fatores operatórios.

A PSICOLOGIA DA CRIANÇA 67

2. *Dois tipos de imagens.* — Ora, a análise, a que vimos procedendo há alguns anos, do desenvolvimento das imagens mentais entre 4-5 e 10-12 anos, parece indicar nítida diferença entre as imagens do nível pré-operatório (até cerca de 7-8 anos, mas com inúmeros resíduos mais tardios) e as dos níveis operatórios, que parecem, então, vigorosamente influenciadas pelas operações.

Cumpre, primeiro, distinguir duas grandes categorias de imagens mentais: as *imagens reprodutivas*, que se limitam a evocar espetáculos já conhecidos e percebidos anteriormente, e as *imagens antecipadoras*, que imaginam movimentos ou transformações, assim como seus resultados, mas sem haver assistido anteriormente à sua realização (como se podem imaginar as transformações de uma figura geométrica sem as haver ainda materializado num desenho). Em princípio, as imagens reprodutivas podem, elas mesmas, apoiar-se em configurações estáticas, em movimentos (mudanças de posição) e em transformações (mudanças de forma), pois essas três espécies de realidades constantemente se oferecem na experiência perceptiva do sujeito. Se a imagem procedesse tão-somente da percepção, dever-se-iam encontrar em todas as idades, de acordo com as freqüências que correspondem às dos modelos correntes da realidade, imagens reprodutivas pertencentes a essas três subcategorias estáticas, cinéticas, e de transformação.

Ora, um dos principais ensinamentos dos fatos recolhidos reside em que, no nível pré-operatório, as imagens mentais da criança são quase exclusivamente estáticas, com dificuldade sistemática de reproduzir movimentos ou transformações, bem como os seus próprios resultados. É só no nível das operações concretas (depois dos 7-8 anos) que as crianças chegam às reproduções de movimentos e transformações, assim como às imagens antecipadoras de categorias correspondentes. Isso, portanto, parece provar: 1) que a reprodução acompanhada de imagens de movimentos ou de transformações, mesmo conhecidos, supõe também antecipação ou reantecipação; e 2) que toda imagem (assim reprodutiva como antecipadora) de movimentos ou transformações se apóia em operações que permitem, ao mesmo tempo, compreender e imaginar esses processos.

3. *As imagens-cópias.* — Para introduzir alguma clareza nessa situação complexa, comecemos pelo exame do que se pode denominar as imagens-cópias, nas quais o modelo permanece sob os olhos do sujeito ou acaba de ser percebido no instante anterior, sem que haja evocação diferida para dias ou semanas de distâncias, como nas provas baseadas em translações ou rotações de modelos (correntes na experiência da criança mas não apresentadas de novo no momento da interrogação).[42]

Uma experiência feita com B. Matalon consistiu, por exemplo, em colocar uma haste horizontal de 20cm sobre uma folha de papel e pedir três vezes à criança que a desenhe em seu prolongamento imediato, à direita: 1) depois de haver imaginado que ela vira 180° para colocar-se nessa posição; 2) depois de haver imaginado que ela é simplesmente empurrada (translação) para essa mesma posição; e 3) a título de simples cópia gráfica, sem alusão a movimento algum, e sempre na mesma posição. (Varia-se naturalmente a ordem: 1, 2, 3; 3, 2, 1 etc.).

Verifica-se, em primeiro lugar, um fato que se tornou muito geral: a cópia gráfica 3) é, aos 5 anos, mais curta do que o modelo, cerca de 13,5% (=17,3cm em média), e essa desvalorização sistemática diminui, em seguida, com a idade (– 10,5% aos 7 anos etc.) para desaparecer no adulto. Volta a encontrar-se o fenômeno quando se pede aos jovens sujeitos um simples traçado digital sobre a mesa (sem desenho), mas desaparece quando se solicita à criança que mostre o comprimento, no ar, como intervalo entre os dois polegares erguidos. Tal desvalorização, reencontrada em todas as

---

[42] A imagem-cópia consiste, assim, numa simples imitação material (gráfica ou por gestos) por oposição à imagem mental, que é uma imitação interiorizada.

demais experiências, não parece comportar senão uma explicação: habituados a avaliar comprimentos de modo ordinal e não métrico, isto é, pela ordem dos pontos de chegada e não pelo intervalo entre as extremidades (a não ser no caso dos polegares erguidos), os jovens sujeitos empenham-se em não ultrapassar a fronteira terminal do modelo; pouco importa que a cópia seja mais curta (pois ela ainda faz parte, nesse caso, do comprimento modelo), o essencial é que não seja demasiado comprida.

Ora, no caso das questões 1) e 2), os desenhos fornecidos são ainda mais reduzidos (–20,5% aos 5 anos para a rotação e –19% para a translação): as imitações gráficas do comprimento modelo são, portanto, ainda mais inibidas, muito embora o modelo permaneça sob os olhos da criança e a cópia se faça no mesmo lugar do que em 3). Por aí se vê, sem dificuldade, a complexidade de um simples traço a lápis, exigindo a intenção de imitar-lhe o comprimento modelo, todo um projeto de execução, e um projeto cujas leis se avizinham mais da conceptualização que da simples percepção.[43]

4. *Imagens cinéticas e de transformações.* — Passemos às imagens propriamente mentais. Lembremos, primeiro que tudo, a grande dificuldade experimental de alcançá-las, visto que são interiores. Não dispomos, portanto, senão de meios indiretos, mas cujas veri-

---

[43] Para passar às cópias dos gestos, baseando-se, desta feita, em modelos cinéticos (pois a imagem-cópia cinética é, naturalmente, mais fácil do que a evocação diferida de um movimento por imagens propriamente mentais), pedimos, com A. Etienne, a crianças de 3 a 6 anos que reproduzissem diferentes modelos muito simples. Dois contatos são acionados de modo que descrevam movimentos de lançamento ou arrastamento (cf. as figuras de Michotte evocadas no cap. III, § I), vaivéns simétricos, cruzamentos etc., e pede-se aos sujeitos que reproduzam esses movimentos, também com contatos, enquanto eles são executados lentamente ou logo em seguida. Ora, de um lado, observam-se numerosos erros na cópia, devidos à predominância das "boas formas" motoras (movimentos simétricos) sobre as formas quaisquer. Por outro lado, e principalmente, constata-se até 5 anos um desvio (muito notável aos 3 anos e que vai diminuindo depois) entre as reproduções simultâneas e as reproduções em seguimento imediato: só aos 6 anos é que o valor destas últimas alcança o das primeiras: eis aí um primeiro indício muito significativo da dificuldade das imagens cinéticas.

ficações apresentam alguma segurança: desenho da criança, escolha da criança entre desenhos preparados de antemão, indicações por meio de gestos e comentários verbais (delicados, mas possíveis, por ocasião das três técnicas precedentes). Dito isto, a mais simples das imagens reprodutivas cinéticas nos pareceu, com F. Frank e T. Bang, constituir-se na de um quadrado colocado acima de outro (estando o lado superior deste último adjacente ao lado inferior do primeiro) e do qual se trata de antecipar um leve deslocamento. Verificou-se, aliás, em primeiro lugar, que a criança sabe copiar muito bem (o que ocorre desde os 3 anos e meio) o modelo exato, portanto um quadrado parcialmente superposto a outro e parcialmente desaprumado. Ora, por mais estranho que pareça, o desenho de representação acompanhada de imagem, e não a cópia, só se consegue, em média, dos 7 anos para cima. Os jovens sujeitos limitam-se, com efeito, a desenhar o quadrado na posição inicial, ou ao lado do outro quadrado. Quando conseguem assinalar um leve deslocamento, apequenam o quadrado superior (móvel) ou alongam o inferior, de modo que o quadrado deslocado não ultrapasse a fronteira do outro![44]

---

[44] Quando os quadrados são apresentados de tal modo que um recobre inteiramente o outro (experiência feita com F. Frank e J. Bliss: empregam-se, nesse caso, quadrados transparentes, mas orlados um de vermelho e outro de preto), a criança, convidada a antecipar um deslocamento progressivo desenha, desta feita naturalmente, a ultrapassagem do quadrado vermelho em relação ao preto, mas recusa-se, em compensação, a desenhar o lado paralelo do vermelho, que se vê, por transparência, no meio do preto. Essa reação é tanto mais curiosa quanto, nos desenhos espontâneos, a criança assinala amiúde "transparências", como diz Luquet, porém de certo modo ilegítimas, como a segunda perna de um cavaleiro vista através do cavalo desenhado de perfil. No caso particular em que os quadrados são transparentes de fato, a recusa de desenhar um lado vermelho que corta o quadrado preto liga-se de novo a um problema de fronteira, mas, desta vez, relativo a uma interseção: a criança tem a impressão de que, cortando o quadrado negro em dois, por introdução de uma linha vermelha que pertence a outro quadrado, altera-se a imagem do quadrado preto, cuja superfície deve permanecer intacta. Como no caso da recusa de ultrapassar a fronteira, trata-se, portanto, de uma espécie de "pseudoconservação" própria da imagem, tanto mais curiosa quanto é respeitada à custa da conservação da superfície (quadrados superpostos) ou da conservação de um lado (quadrados em recobrimento; lado vermelho).

Outras reações surpreendentes, em relação à freqüência dos modelos cotidianos que teriam podido assegurar uma representação exata, são as imagens reprodutivas da rotação de 90° de uma haste (como no caso do ponteiro de um relógio ou ainda de um bastão, colocado em pé, que cai ao chão) ou da cambalhota de um tubo, que descreve uma rotação de 180°. No primeiro dos dois casos, fixa-se a haste, com um prego, à sua base, de tal modo que é animada de um movimento regular em torno desse centro fixo: ora, os sujeitos pequenos não atentam absolutamente para esse fato, que lhes é, entretanto, claramente assinalado, e desenham trajetórias em ângulo reto (como se a haste deslizasse ao longo de suas posições inicial e final ou ao longo de suas simétricas em quadrado) ou cortando-se segundo ângulos quaisquer etc. No caso do tubo, este é colorido de vermelho e azul nas duas extremidades e, ultrapassando o bordo de uma caixa, é objeto de pressão do dedo sobre a parte livre, que lhe provoca uma cambalhota, com queda em posição invertida alguns centímetros mais adiante, sobre a mesa: ora, os sujeitos que prevêem muito bem a permutação das extremidades coloridas (5% aproximadamente desde os 5 anos e 100% aos 8 anos) não chegam a desenhar, senão tarde, duas ou três posições intermediárias do tubo (42% de tentativas bem-sucedidas aos 7 anos e 60% aos 8 anos), e, coisa notável, quase nunca chegam a imitar melhor o movimento de cambalhota por um gesto lento, segurando o tubo com a mão (45% aos 7 anos e 70% aos 8 anos, segundo os resultados recolhidos com S. Schmid-Kitsikis). Vê-se que os movimentos da ordem mais banal (pois qual é a criança que já não deu as próprias cambalhotas?) dão lugar a imagens reprodutivas cinéticas muito pobres, antes do nível das operações concretas (7-8 anos) e ainda com atraso em relação ao início destas últimas.

Como exemplo de imagem de transformação, pode citar-se uma prova estudada de perto com F. Frank e que se apóia no estiramento de um arco (de fio de ferro bem flexível) numa reta ou, ao contrário, no curvamento da reta em arco. Aqui, ainda uma vez, topamos com notável dificuldade para imaginar as posições intermediárias. Quanto aos resultados da transformação, encontra-se nos pequenos sujeitos (até cerca dos 7 anos) impressionante efeito de fronteira: a reta resultante do estiramento do arco é desvalorizada de −34% aos 5 anos (levando-se em conta a desvalorização geral das cópias de retas ou de arco) porque importa para o sujeito que ela não ultrapasse as fronteiras extremas do arco, e o arco resultante do curvamento da reta é superestimado + 29% aos 5 anos, de modo que as suas extremidades se juntem às da reta.

Vê-se, dessarte, que não há exagero em falar-se no caráter estático das imagens pré-operatórias, não se tornando possíveis as imagens cinéticas e de transformação senão depois dos 7-8 anos, e isso graças a antecipações ou reantecipações, que se apóiam, sem dúvida, na compreensão operatória.

5. *Imagens e operações.* — Passemos, portanto, à análise direta das relações entre a representação acompanhada de imagens e a operação, e contentemo-nos com dois exemplos, porque todos convergem para o mesmo ponto. A técnica consiste em apresentar provas habituais de conservação operatória (veja cap. IV, § II) mas, em lugar de interrogar o sujeito sobre as transformações que antecipem o que vai acontecer, imaginando as fases e os resultados das transformações.

Na prova da conservação dos líquidos, em que se dispõe de um copo inicial *A*, um copo *B* mais estreito e um copo *C* mais largo, pede-se ao sujeito que preveja o resultado do transvasamento de *A* em *B* e em *C* antes de efetuá-lo e indique notadamente os níveis que serão atingidos pela água. Dois resultados interessantes (obtidos por S. Taponier) são de notar quanto às reações dos sujeitos pré-operatórios (5-7 anos). A maioria conta com uma espécie de conservação geral que é de fato, uma "pseudoconservação": a mesma quantidade para beber, mas também os mesmos níveis em *A*, *B* e *C*, e só depois, ao verem que a água sobe mais alto em *B* do que em *A* e menos alto em *C*, começam a negar a conservação das quantidades. Os

A PSICOLOGIA DA CRIANÇA 73

sujeitos de um segundo grupo, ao contrário, menos numerosos do que o primeiro, prevêem corretamente que a água subirá mais em *B* e menos em *C* do que em *A*, mas concluem daí, antecipadamente, que a quantidade de líquido não se conservará; e, quando se lhes pede que deitem a mesma quantidade em *A* e em *B*, mantêm, exatamente, o mesmo nível nos dois copos. Vê-se, entre os sujeitos desse segundo grupo, que, se a imagem reprodutiva dos níveis é exata, evidentemente porque devida a alguma experiência anterior, não basta, de maneira alguma, a produzir a operação e a conservação, por falta de compreensão da compensação: ainda que a criança diga que a água subirá mais em *B* "porque o copo é mais estreito", nem por isso chega à conclusão de que "mais alto x mais estreito = mesma quantidade" e só considera a estreiteza de *B* como indício empírico que permite prever (mas não compreender) a elevação do nível da água.

Outra experiência dá resultados paralelos. Quando a criança de 5-6 anos coloca 12 fichas vermelhas diante de 12 fichas azuis para verificar que as quantidades são iguais, basta espaçar as azuis ou as vermelhas para que ela conclua que a carreira mais comprida contém maior quantidade de elementos. Seria, então, o caso de perguntar se essa não conservação se deve a uma dificuldade de imaginar os pequenos deslocamentos e a volta ao lugar dos elementos deslocados. Construímos, diante disso, um aparelho colorido, em forma de leque, de modo que cada ficha azul da carreira apertada superior corresponde a uma ficha da carreira espaçada inferior, por intermédio de um corredor, pelo qual a ficha de baixo pode circular até reunir-se à correspondente de cima. Ora, esse dispositivo em nada modifica as idéias da criança: ainda que imagine perfeitamente os trajetos, nem por isso deixa de concluir, colocando-se num ponto de vista mais transversal do que longitudinal, que as fichas aumentam quando a carreira se encomprida e diminuem quando se encurta. Depois que S. Taponier estudou os efeitos por deslocamentos sucessivos, M. Abourdaram introduziu um mecanismo que permite que subam ou desçam, ao mesmo tempo, as 12 fichas da carreira móvel: as reações continuaram exatamente iguais.

Desses fatos diversos e de muitos outros ainda, pode-se, portanto, concluir que as imagens mentais não constituem senão um sistema de símbolos que traduzem, mais ou menos exatamente, mas em geral com atraso, o nível de compreensão pré-operatória e, logo, operatória dos sujeitos. A imagem, portanto, não basta a engendrar as estruturações operatórias: pode servir, quando muito, e quando suficientemente adequada (cf. representação dos níveis de água no segundo grupo de sujeitos citado mais acima), para precisar o conhecimento dos estados que a operação ligará, em seguida, por um jogo de transformações reversíveis. Mas a imagem em si mesma permanece estática e descontínua (cf. o "processo cinematográfico" que Bergson atribuía à própria inteligência, esquecendo a operação, quando esse processo caracteriza apenas a representação acompanhada de imagens). Quando, depois dos 7-8 anos, a imagem se torna antecipadora e, por conseguinte, em melhores condições para servir de apoio às operações, o progresso não resulta de uma modificação interna e autônoma das imagens, senão da intervenção de contribuições exteriores, devidas à formação das operações. Estas derivam, com efeito, da própria ação, e não do simbolismo acompanhado de imagens, como também não, aliás, do sistema dos sinais verbais ou da linguagem, de que nos ocuparemos agora.

V — *A memória e a estrutura*
das lembranças-imagens

Estudou-se muito pouco a memória da criança e os que a estudaram apegaram-se sobretudo a medidas de rendimento (*performances*). Assim é que, lendo 15 palavras para o sujeito e procurando o que delas resta um minuto depois, constatou Claparède um aumento progressivo com a idade, até atingir 8 palavras, em média, no adulto.

Mas o problema principal do desenvolvimento da memória é o de sua organização progressiva. Sabe-se que existem dois tipos de memória: a de *reconhecimento*, que só entra em ação em presença do objeto já encontrado, que consiste em reconhecê-lo, e a memória de *evocação*, que consiste em evocá-lo em sua ausência por meio de uma lembrança-imagem. A memória de reconhecimento é muito precoce (já existe nos invertebrados inferiores) e está necessariamente ligada a esquemas de ação ou de hábito. No bebê, as suas raízes hão de ser procuradas já nos esquemas de assimilação sensório-motora elementar: reconhecer o bico do seio, no decurso da mamada, se ele foi largado (e distingui-lo dos tegumentos circundantes), reconhecer o objeto seguido dos olhos se, por um instante, se perdeu de vista etc. Quanto à memória de evocação, que não aparece antes da imagem mental da linguagem (Janet liga-a à "conduta da narrativa") etc., suscita um problema essencial: o da sua independência ou dependência em relação ao esquematismo geral das ações e das operações.[45]

Dito isto, o problema da memória é, em primeiro lugar, um problema de delimitação. Nem toda conservação do passado é memória, pois um esquema

---

[45] Bergson quis introduzir uma oposição radical entre a lembrança-imagem e a lembrança-motor da memória-hábito (ligada, aliás, ao reconhecimento, pois todo hábito supõe reconhecimento de indícios). Mas isso é uma introspecção de filósofo e, se se estudar a lembrança-imagem em seu desenvolvimento, ver-se-á que ela também está ligada à ação. Temos, por exemplo, estudado com F. Frank e J. Bliss a lembrança, após alguns dias, de um arranjo de cubos, conforme a criança se limitou a olhá-los ou os copiou ativamente ou ainda viu o adulto arranjá-los (variando-se a ordem de sucessão das provas). Ora, a ação própria dá melhores resultados do que a percepção, e a aprendizagem na ordem ação → percepção é mais bem-sucedida do que na ordem percepção → ação (com uma semana, pelo menos, de intervalo). Quanto à percepção da ação adulta, ela não acrescenta quase nada à percepção do simples resultado. A própria imagem-lembrança está, portanto, ligada a esquemas de ação e se encontram pelo menos dez etapas intermediárias entre a lembrança-motor com simples reconhecimento e a pura evocação de imagens independentemente da ação.

(desde o esquema sensório-motor até os esquemas operatórios: classificação, seriação etc.) se conserva pelo funcionamento, mesmo independente de qualquer "memória": ou, se se prefere, a memória de um esquema é o próprio esquema. Pode, portanto, supor-se que o que se chama comumente memória, depois de libertada dos resíduos da psicologia das faculdades, outra coisa não é senão o aspecto figurativo dos sistemas de esquemas em sua totalidade, a partir dos esquemas sensório-motores elementares (em que o aspecto figurativo é o reconhecimento perceptivo) até os esquemas superiores, cujo aspecto figurativo de ordem mnésica será a lembrança-imagem.

Foi nessa perspectiva que empreendemos uma série de pesquisas, absolutamente não terminadas (longe disso) mas alguns de seus resultados já são instrutivos. Apresentaram-se, por exemplo (com H. Sinclair), dez varinhas, seriadas de acordo com as suas diferenças, pedindo-se, uma semana depois, à criança que as reproduzisse pelo gesto ou pelo desenho; o trabalho foi feito com dois grupos de sujeitos: o primeito, que simplesmente olhou as varinhas, e o segundo, que as descreveu verbalmeme. Determinou-se, enfim, o nível operatório do sujeito quanto à seriação. O primeiro dos resultados obtidos é que os sujeitos apresentam, com significativa regularidade, um desenho correspondente ao seu nível operatório (pares, pequenas séries não coordenadas, ou ||| ||| ||| etc.) e não à configuração apresentada. Em outras palavras, parece, neste exemplo, que a memória faz predominar o esquema correspondente ao nível da criança: a lembrança-imagem apóia-se nesse esquema e não no modelo perceptivo.[46]

---

[46] Outra pesquisa (com J. Bliss) baseou-se na transitividade das igualdades. Um copo A comprido e estreito contém a mesma quantidade que B (forma usual) e B a mesma que C (copo baixo e largo), verificando-se essas igualdades pelo transvasamento de A em B' ($= B$) com retorno para A, e de C em B'' ($= B' = B$) com retorno para C. Procura-se o que resta desses acontecimentos depois de uma hora e depois de uma semana. Ora, ainda neste caso, e criança retém o que compreendeu e não o que viu e isso não é tão natural quanto se poderia pensar. Os sujeitos de um primeiro nível, em particular, desenham, por exemplo, o transvasamento de B em C, e reciprocamente, como se esses dois movimentos fossem simultâneos: "Mas um foi feito antes do outro?" "Não, ao mesmo tempo." "Mas isso, então, se mistura?" A vai para B' ao mesmo tempo que volta dele etc., tudo sem nenhuma

A PSICOLOGIA DA CRIANÇA 77

O segundo resultado instrutivo de experiência é que os mesmos sujeitos, revistos seis meses mais tarde, apresentaram, como segundo desenho de memória (e sem jamais ter revisto o modelo) uma série que, em 80% dos casos, se verificou levemente superior à primeira (trios em lugar de pares, seriezinhas em lugar de trios etc.). Em outras palavras, os progressos intelectuais do esquema acarrearam os da lembrança.

Quanto à própria conservação das lembranças, sabe-se que, para certos autores (Freud, Bergson), elas se amontoam no inconsciente, onde se esquecem ou permanecem prontas para a evocação, ao passo que, para outros (P. Janet), a evocação é uma reconstituição que se efetua de maneira comparável à que pratica o historiador (narrativas, inferências etc.). As experiências recentes de Penfield sobre a revivescência de lembranças por excitação elétrica dos lobos temporais parecem falar de certa conservação, mas inúmeras observações (e a existência de lembranças falsas, embora vivazes) mostram também o papel da reconstituição. A ligação das lembranças com os esquemas de ação, sugerida pelos fatos precedentes, e que se acrescenta à esquematização das lembranças como tais, estudada por F. Bartlett,[47] permite conceber essa conciliação mostrando a importância dos elementos motores ou operatórios em todos os níveis da memória. Como, por outro lado, a imagem que intervém na lembrança-imagem parece constituir uma imitação interiorizada, o que também comporta um elemento motor, a conservação de lembranças particulares vem inscrever-se, sem dificuldade, nesse quadro de interpretação possível.

---

relação transitiva. Ora, que a criança não tenha compreendido e não possa, portanto, memorizar relações que não compreendeu, entende-se, mas ela teria podido reter a sucessão dos acontecimentos percebidos; ora, pelo contrário, esquematiza-se em função de esquemas intelectuais e não vividos! Os níveis seguintes estão igualmente em correlação estreita com o nível operatório dos sujeitos.
[47] F. C. Bartlett, *Remembering*, Cambridge University Press, 1932.

VI — A linguagem

Na criança normal, a linguagem aparece mais ou menos ao mesmo tempo que as outras formas do pensamento semiótico. No surdo-mudo, em compensação, a linguagem articulada só se adquire muito depois da imitação diferida, do jogo simbólico e da imagem mental, o que parece indicar-lhe o caráter genético derivado, visto que a sua transmissão social ou educativa supõe, sem dúvida, a constituição prévia dessas formas individuais de *simiosis*; essa constituição, ao contrário, como o demonstra o caso da surdimudez, independe da linguagem.[48] Os surdos-mudos chegam, aliás, à sua maneira coletiva própria, à elaboração de uma linguagem por gestos, interessantíssima, pois é, ao mesmo tempo, social e procedente dos significantes de caráter imitativo, que intervêm de forma individual na imitação diferida, no jogo simbólico e na imagem relativamente próxima do jogo simbólico: com as suas propriedades de eficácia adaptativa e não lúdicas, a linguagem por gestos constituiria, se fosse geral, uma forma independente e original de função semiótica mas, nos indivíduos normais, torna-se inútil pela transmissão do sistema coletivo dos sinais verbais ligados à linguagem articulada.

1. *Evolução*. — Esta principia, depois de uma fase de lalação espontânea (comum às crianças de todas as culturas de 6 a 10-11 meses) e de uma fase de diferenciação de fonemas por imitação (desde os I1-12 meses), por um estádio situado ao termo do período sensório-motor e que foi muitas vezes descrito como o das "palavras-frases" (Stern). Essas palavras únicas podem

---
[48] Encontra-se, por outro lado, no chimpanzé, um princípio de função simbólica, que lhe permite, por exemplo, fazer uma reserva de fichas, com as quais obtém frutos num distribuidor automático (experiência de J. B. Wolfe) e até os oferece de presente a camaradas menos favorecidos (Nyssen e Crawford).

exprimir, alternativamente, desejos, emoções ou constatações (tornando-se o esquema verbal instrumento de assimilação e generalização a partir dos esquemas sensório-motores).

Desde o fim do segundo ano, observam-se frases de duas palavras, depois pequenas frases completas sem conjugações nem declinações e, em seguida, uma aquisição progressiva de estruturas gramaticais. A sintaxe das ctianças de 2 a 4 anos deu origem, recentemente, a trabalhos de grande interesse de R. Brown, J. Berko etc., em Harvard, e de S. Ervin e W. Miller, em Berkeley.[49] Essas pesquisas que se inspiram nas hipóteses de N. Chomsky sobre a constituição das regras gramaticais, mostraram, com efeito, que a aquisição das regras sintáticas não se reduz a uma imitação passiva, mas comporta, não apenas uma parte não desprezível de assimilação generalizadora, o que mais ou menos se sabia, senão ainda certas construções originais, alguns de cujos modelos foram destacados por R. Brown. Além disso, este demonstrou que as reduções das frases adultas a modelos originais infantis obedecem a certas exigências funcionais, como a conservação de um *mínimo* de informação necessária e a tendência a aumentar esse *mínimo*.

2. *Linguagem e pensamento.* — Além dessas análises muito promissoras sobre as relações entre a linguagem infantil, as teorias próprias do estruturalismo lingüístico e a teoria da informação, o grande problema genético que suscita o desenvolvimento da linguagem é o de suas relações com o pensamento e com as operações lógicas em particular. Aliás, aí estão, de fato, dois problemas distintos, pois se todos admitem que a linguagem decuplica os poderes do pensamento em extensão e rapidez, a questão da natureza lingüística ou não das estruturas lógico-matemáticas é muito mais controvertida.

Quando se comparam, com efeito, as condutas verbais com as

---

[49] "*The Acquisition of Language*", ed. Rellugi e Brown, *Monographs of the Society for Research in Child Development*, n° 92, 1964.

condutas sensório-motoras, observam-se três grandes diferenças em favor das primeiras. Ao passo que as segundas são obrigadas a seguir os acontecimentos sem poder ultrapassar a velocidade da ação, as primeiras, graças à narrativa e às evocações de todos os gêneros, podem introduzir ligações com rapidez muito maior. Em segundo lugar, enquanto as adaptações sensório-motoras são limitadas ao espaço e ao tempo próximos, a linguagem permite ao pensamento apoiar-se em extensões espácio-temporais bem mais vastas e libertar-se do imediato. Em terceiro lugar, e em conseqüência das duas diferenças anteriores, enquanto a inteligência sensório-motora procede por ações sucessivas e graduais, o pensamento chega, mercê principalmente da linguagem, a representações simultâneas de conjunto.

Mas é preciso deixar bem claro que esses progressos do pensamento representativo em relação ao sistema dos esquemas sensório-motores são, na realidade, devidos à função semiótica em conjunto: é ela quem destaca o pensamento da ação e cria, portanto, de algum modo, a representação. Cumpre, contudo, reconhecer que, nesse processo formativo, a linguagem desempenha papel particularmente importante, pois, ao contrário dos outros instrumentos semióticos (imagem etc.) construídos pelo indivíduo à proporção das necessidades, a linguagem já está toda elaborada socialmente e contém de antemão, para uso dos indivíduos que a aprendem antes de contribuir para o seu enriquecimento, um conjunto de instrumentos cognitivos (relações, classificações etc.) a serviço do pensamento.

3. *Linguagem e lógica.* — Dir-se-á então, como o extrapolaram alguns, que, se a linguagem comporta uma lógica, essa lógica, inerente ao sistema da língua, constitui não apenas o fator essencial ou mesmo único da aprendizagem da lógica pela criança ou por um indivíduo qualquer (enquanto submetidos à sujeição do grupo

lingüístico e da sociedade em geral), senão também a origem de toda a lógica na humanidade inteira? Com pequenas variações, essas opiniões são as de um senso comum pedagógico infelizmente sempre vivo, da finada escola sociológica de Durkheim e de um positivismo lógico ainda em atividade em muitos meios científicos. Segundo este último, com efeito, a lógica dos próprios lógicos outra coisa não é senão uma sintaxe e uma semântica generalizadas (Carnap, Tarski etc.). Ora, existem duas fontes de informações particularmente importantes: de um lado, a comparação das crianças normais com os surdos-mudos, que não tiveram o benefício da linguagem articulada mas estão de posse de esquemas sensório-motores intactos, e de outro, com os cegos, cuja situação é inversa; e a comparação sistemática dos progressos da linguagem, na criança normal, com as etapas da constituição das operações intelectuais.

A lógica dos surdos-mudos foi estudada em Paris por M. Vincent,[50] P. Oléron[51] etc., que utilizaram, entre outras, certas provas operatórias da escola genebrina e, em Genebra, por F. Affolter. Os resultados foram que, embora se observe certo atraso, mais ou menos sistemático, da lógica do surdo-mudo, não se pode falar de carência propriamente dita, pois se encontram os mesmos estádios de evolução, com um atraso de 1 a 2 anos. A seriação e as operações espaciais são normais (com um leve atraso para a primeira). As classificações apresentam as suas estruturas gerais e são somente um pouco menos móveis por ocasião das mudanças sugeridas de critérios do que nas crianças que têm o benefício dos incitamentos devidos às trocas múltiplas. A aprendizagem da aritmética é relativamente fácil. Os problemas de conservação (indício de reversibilidade) são resolvidos com um atra-

---

[50] Vincent-Borelli, *"La naissance des opérations logiques chez les sourds-muets"*, Enfance, 1951 (4), 222-38, e 1956, 1-20.
[51] Oléron e Herren, *"L'acquisition des conservations et le langage"*, Enfance, 1961, 41, 201-219.

so aproximado de 1-2 anos, exceto a conservação dos líquidos, que apresenta dificuldades técnicas particulares no ministrar as instruções (pois se trata de fazer compreender que as questões se baseiam apenas no conteúdo dos recipientes e não nos continentes). Tais resultados adquirem uma significação tanto maior quanto nos pequenos cegos, estudados por Y. Hatwell, as mesmas provas indicam um atraso que se estende até 4 anos, ou mais, incluindo as questões elementares, apoiadas em relações de ordem (sucessão, posição "entre" etc.). E, no entanto, entre os cegos, as seriações verbais são normais (*A* é menor do que *B*, *B* é menor do que *C*, *portanto*...). Mas havendo a perturbação sensorial, própria dos cegos de nascença, impedidos, desde o início, a adaptação dos esquemas sensório-motores e retardada a sua coordenação geral, as coordenações verbais não bastam a compensar esse atraso e torna-se necessária toda uma aprendizagem da ação para chegar à constituição de operações comparáveis às do normal ou mesmo do surdo-mudo.

4. *Linguagem e operações.* — A comparação entre os progressos da linguagem e os das operações intelectuais supõe a dupla competência de um lingüista e de um psicólogo. A nossa colaboradora H. Sinclair, que satisfaz a ambos os requisitos, empreendeu, nesse sentido, um conjunto de pesquisas das quais aqui estão uma ou duas amostras.

Escolhem-se dois grupos de crianças, umas nitidamente pré-operatórias, isto é, que não possuem nenhuma noção de conservação, e outras que aceitam algumas dessas noções e as justificam com argumentos de reversibilidade e compensação. Mostram-se, por outro lado, aos dois grupos de sujeitos, diferentes pares de objetos (um grande e um pequeno; um conjunto de 4-3 bolinhas e outro de 2; um objeto ao mesmo tempo mais curto e mais longo do que outro etc.) e pede-se a descrição simples desses pares, contanto que um dos termos seja oferecido a um primeiro personagem e outro a um segundo, mas sem que a descrição esteja ligada a qualquer

A PSICOLOGIA DA CRIANÇA 83

problema de conservação. Ora, acontece que a linguagem dos dois grupos difere sistematicamente: onde o primeiro grupo só emprega "escalares" (no sentido lingüístico), "aquele tem um grande, aqueloutro tem um pequeno; aquele tem muito, aqueloutro não tem muito", o segundo grupo utiliza vetores: "aquele tem um maior do que o outro", "ele tem mais do que o outro" etc. Onde o primeiro considera apenas uma dimensão por vez, o segundo dirá "este lápis é mais comprido e mais fino" etc. Em suma, há uma correlação surpreendente entre a linguagem empregada e o modo de raciocinar. Uma segunda pesquisa mostra, igualmente, estreita conexão entre os estádios do desenvolvimento da seriação e a estrutura dos termos utilizados.

Mas em que sentido se há de interpretar essa relação? De um lado, a criança do nível pré-operatório compreende bem as expressões do nível superior quando se inserem nas ordens ou instruções ("Dê àquele um lápis maior" etc.), mas não as utiliza espontaneamente. Por outro lado, quando treinada para utilizá-las, por uma aprendizagem propriamente lingüística, consegue fazê-lo, embora com dificuldade, mas isso pouco lhe modifica as noções de conservação (um caso em dez, mais ou menos; em compensação, a seriação é um tanto melhorada porque, nesse caso, a aprendizagem lingüística se apóia, ao mesmo tempo, no próprio ato de comparação, portanto no próprio conceito).

Tais resultados, unidos aos descritos no § VI-3, parecem, pois, mostrar que a linguagem não constitui a origem da lógica, mas, pelo contrário, é estruturada por ela. Em outros termos as raízes da lógica terão de ser buscadas na coordenação geral das ações (incluindo condutas verbais) a partir do nível sensório-motor cujos esquemas parecem ter importância fundamental desde o princípio; ora, o esquematismo continua, ao depois, a desenvolver-se e a estruturar o pensamento, mesmo verbal, em função do progresso das ações, até a constituição das operações lógico-matemáticas, remate autêntico da lógica das coordenações de ações, quando estas se acham em estado de interiorizar-se e agrupar-se em estruturas de conjunto. É o que procuraremos expor agora.

5. *Conclusão.* — A despeito da espantosa diversidade das suas manifestações, a função semiótica apresenta notável unidade. Quer se trate de imitações diferidas, de jogo simbólico, de desenho, de imagens mentais e de lembranças-imagens ou de linguagem, consiste sempre em permitir a evocação representativa de objetos ou acontecimentos não percebidos atualmente. Mas, reciprocamente, se possibilita, dessa maneira, o pensamento, fornecendo-lhe ilimitado campo de ação, em oposição às fronteiras restritas da ação sensório-motora e da percepção, só progride sob a direção e graças às contribuições desse pensamento ou inteligência representativa. Nem a imitação, nem o jogo, nem o desenho, nem a imagem, nem a linguagem, nem mesmo a memória (à qual se teria podido atribuir uma capacidade de registro espontâneo comparável ao da percepção) se desenvolvem ou organizam sem o socorro constante da estruturação própria da inteligência. É chegado, portanto, o momento de examinar a evolução desta última, a partir do nível da representação, constituída graças à função semiótica.

CAPÍTULO IV

AS OPERAÇÕES "CONCRETAS" DO PENSAMENTO E AS RELAÇÕES INTERINDIVIDUAIS

Desenvolvidos os principais esquemas sensório-motores (cap. I) e elaborada, a partir de 1 ano e meio a 2 anos, a função semiótica (cap. III), seria de esperar que esta última bastasse a permitir uma interiorização direta e rápida das ações em operações. A constituição do esquema do objeto permanente e a do "grupo" prático dos deslocamentos (cap. I, § II) prefiguram, com efeito, a reversibilidade e as conservações operatórias, cuja próxima formação parecem anunciar. Ora, é preciso esperar até 7 e 8 anos, aproximadamente, para que se realize essa conquista e é mister compreender as razões desse atraso se se quiser aprender a natureza complexa das operações.

I — Os três níveis da passagem da ação à operação

De fato, a própria presença do atraso demonstra a existência de três níveis, que se hão de distinguir, e não apenas dois, como o faz Wallon[52] quando se limita à sucessão "do ato ao pensamento": há, no princípio, o nível sensório-motor, de ação direta sobre o real; há o nível das operações, desde os 7-8 anos, apoiadas igualmente nas transformações do real, mas por ações interiorizadas e agrupadas em sistemas coerentes e reversíveis (reunir e dissociar etc.); e entre os dois há, de 2-3 a 6-7 anos, um nível que não é de simples transição, pois, se progride seguramente em relação à ação imediata, que a função semiótica permite interiorizar, é também assinalado, sem dúvida, por obstáculos sérios e novos, visto que são precisos 5 ou 6 anos para a passagem da ação à operação. Que obstáculos são esses?

Em primeiro lugar, cumpre considerar o fato de que um bom êxito em ação não se prolonga, pura e simplesmente, numa representação adequada. Desde 1 ano e meio a 2 anos, a criança, portanto, está de posse de um grupo prático de deslocamentos, que lhe permitem reencontrar-se, com rodeios e desvios, em seu apartamento ou em seu jardim. Vimos igualmente crianças de 4-5 anos, que fazem, todos os dias, sozinhas, um trajeto de dez minutos de casa à escola e vice-versa. Mas se se lhes pedir que representem esse trajeto por um conjunto de pequenos objetos tridimensionais de papelão (casas, igreja, ruas, rio, largos etc.) ou que indiquem o plano da escola, como se vê pela entrada principal ou do lado do rio, não alcançam reconstituir as relações topográficas que utilizam incessantemente em ação: as suas lembranças, de certo modo, são motoras e não chegam, simplesmente, a uma reconstituição simultânea de conjunto. O primeiro obstáculo à operação consiste, pois, na necessidade de reconstruir nesse plano novo, que é o da representação, o que já fora adquirido no da ação.

Em segundo lugar, a reconstrução comporta um processo formativo

---

[52] H. Wallon, *De l'acte à la pensée*, Flammarion, 1942.

análogo ao que descrevemos (cap. I, § II) no plano sensório-motor: a passagem de um estado inicial, em que tudo está centrado no corpo e na ação próprios, a um estado de descentração, no qual estes estão situados em suas relações objetivas tocante ao conjunto dos objetos e acontecimentos assinalados no universo. Ora, essa descentração, já laboriosa no plano da ação (em que leva, pelo menos, 18 meses) é ainda bem mais difícil no da representação, que se apóia num universo muito mais extenso e complexo.[53]

II — A gênese das operações "concretas"

As operações, tais como a reunião de duas classes (os pais reunidos às mães constituem os pais [em sentido genérico] ou a adição de dois números), são ações, escolhidas entre as mais gerais (os atos de reunir, de ordenar etc. intervêm em todas as coordenações de ações particulares), interiorizáveis e reversíveis (à reunião corresponde a dissociação à adição, a subtração etc.). Nunca são isoladas, porém coordenáveis em sistemas de conjunto (uma classificação, a seqüência dos números etc.). Também não são próprias deste ou daquele indivíduo, senão comuns a todos os indivíduos do mesmo nível mental e intervêm não apenas nos raciocínios privados, senão também nas trocas cognitivas, visto que estas consistem ainda em reunir informações, colocá-las em relação ou em correspondência, introduzir reciprocidades etc., o que volta a constituir operações, isomorfas às de que se serve cada indivíduo para si mesmo.

---

[53] Para citar apenas um pequeno exemplo, é por volta dos 4-5 anos que uma criança saberá desenhar a mão "direita" e a mão "esquerda", ainda que talvez as distinga desde o nível da ação; mas, sabendo utilizar essas noções no corpo, levará dois ou três anos ainda para compreender que uma árvore vista à direita do caminho na ida se encontra à esquerda na volta, ou que a mão direita de um personagem sentado à sua frente se acha à sua esquerda; e levará ainda mais tempo para admitir que um objeto B, situado entre A e C, possa estar, ao mesmo tempo, à direita de A e à esquerda de C.

As operações consistem em transformações reversíveis, podendo essa reversibilidade consistir em inversões ($A - A = O$) ou em reciprocidade (A corresponde a B e reciprocamente). Ora, uma transformação reversível não modifica tudo ao mesmo tempo, pois, do contrário, seria sem retorno. Uma transformação operatória, portanto, é sempre relativa a uma invariante, e essa invariante de um sistema de transformações constitui o que denominamos até aqui noção ou esquema de conservação (cap. I, § II; cap. II, § IV) etc.: dessarte, o esquema do objeto permanente é a invariante do grupo prático dos deslocamentos etc. As noções de conservação podem, portanto, servir de indícios psicológicos do remate de uma estrutura operatória.

Em terceiro lugar, desde que a linguagem e a função semiótica permitem não apenas a evocação mas também, e principalmente, a comunicação (linguagem verbal ou por gestos, jogos simbólicos entre diversas crianças, imitações recíprocas etc.), o universo da representação já não é exclusivamente formado de objetos (ou de pessoas-objetos) como no nível sensóriomotor, mas igualmente de sujeitos, ao mesmo tempo exteriores e análogos ao eu, com tudo o que essa situação comporta de perspectivas distintas e múltiplas, que será preciso diferençar e coordenar. Em outras palavras, a descentração necessária para chegar à constituição das operações não se baseará mais, simplesmente, num universo físico, ainda que este já seja notavelmente mais complexo do que o universo sensório-motor, senão também, e de maneira indissociável, num universo interindividual ou social. Ao contrário da maioria das ações, as operações, com efeito, sempre comportam uma possibilidade de troca, de coordenação assim interindividual como individual, e esse aspecto cooperativo constitui condição *sine qua non* da objetividade da coerência interna (equilíbrio) e da universalidade das estruturas operatórias.

Tais considerações mostram que as construções e a descentração cognitivas, necessárias à elaboração das operações, são inseparáveis de construções e da descentração afetivas e sociais. Mas o termo social não deve ser entendido no sentido único, demasiado estreito, embora já muito amplo, das transmissões educativas, culturais ou morais: trata-se mais ainda de um processo interindividual de socialização, cognitivo, afetivo e moral ao mesmo tempo, cujas linhas mestras se podem seguir esquematizando muito, mas sem esquecer que as condições ótimas continuam ideais e que, de fato, tal evolução está sujeita a flutuações múltiplas, que interessam, aliás, tanto os seus aspectos cognitivos quanto os afetivos.

Em resumo, se encaramos neste capítulo o longuíssimo período que vai de 2-3 a 11-12 anos, em lugar de destacar um período pré-operatório; até cerca dos 7-8 anos, do período ulterior das operações concretas, é que a primeira dessas duas grandes fases, embora dure 4 ou 5 anos, não passa, de fato, de um período de organização e preparação, comparável aos estádios I a III (ou IV) do desenvolvimento sensório-motor (cap. I, § I), enquanto que o período de 7-8 a 11-12 anos é o do remate das operações concretas, comparável aos estádios IV ou V e VI da construção dos esquemas sensório-motores. Depois disso, somente um novo período operatório, característico da pré-adolescência, e que atinge o ponto de equilíbrio por volta dos 14-15 anos, permite concluir as construções, ainda limitadas e parcialmente lacunares, próprias das operações concretas.

1. *Noções de conservação.* — Dito isto, a indicação mais clara da existência de um período pré-operatório, correspondente ao segundo dos níveis distinguidos no cap. IV, § I, é a ausência, até cerca de 7-8 anos, de noções de conservação. Reexaminemos, a esse respeito, a experiência da conservação dos líquidos[54] na ocasião do transvasamento de um copo *A* num copo mais estreito *B* ou num copo mais largo *C*. Dois fatos são particularmente notáveis nas reações comuns aos 4-6 anos, segundo as quais o líquido aumenta ou diminui de quantidade. O primeiro é que os pequenos sujeitos parecem raciocinar apenas sobre os estados ou configurações, desprezando as trans-

---

[54] J. Piaget e A. Szeminska, *La genèse du nombre chez l'enfant*, Delachaux & Niestlé, 1941.

formações: a água em *B* está mais alta do que em *A*, portanto aumentou de quantidade, independentemente da circunstância de ser a mesma água, que foi apenas transvasada etc. O segundo é que a transformação, embora não ignorada, não é concebida como tal, ou seja, como a passagem reversível de um estado a outro, que modifica as formas mas deixa a quantidade invariável: é assimilada a uma ação própria, a de "despejar", situada em plano diverso do dos fenômenos físicos e fonte de resultados incalculáveis no sentido próprio, isto é, não deduzíveis na aplicação exterior. No nível das operações concretas, ao contrário, a saber, desde os 7 ou 8 anos, a criança dirá: "é a mesma água", "ela só foi despejada no outro copo", "não se tirou nem se juntou nada" (identidades simples ou aditivas); "pode-se pôr (*B* em *A*) como estava antes" (reversibilidade por inversão); ou, principalmente, "é mais alto mas é mais estreito, por isso é a mesma coisa" (compensação ou reversibilidade por reciprocidade das relações). Em outros termos, os estados, daqui por diante, subordinam-se às transformações e estas, descentradas da ação própria para se tornarem reversíveis, explicam, ao mesmo tempo, as modificações em suas variações compensadas e a invariante implicada pela reversibilidade.

Esses fatos podem servir de exemplo ao esquema geral da aquisição de toda noção de conservação, a partir das reações pré-operatórias de não conservação Quer se trate das deformações de uma bolinha de argila[55] a cujo propósito a criança descobrirá a conservação da substância lá pelos 7-8 anos, do peso, por volta dos 9-10 anos, e do volume, aos 11-12 anos (medido pela água deslocada no momento da imersão do objeto), quer se trate da conservação dos comprimentos (uma linha reta comparada à sua igual, a princípio reta e depois quebrada; ou duas hastes retas congruentes,

---
[55] J. Piaget e B. Inhelder, *Le developpement des quantités physiques chez l'enfant*, Delachaux & Niestlé, 1941 e 1962.

uma das quais tem, em seguida, a posição modificada em relação à outra), das superfícies ou dos volumes (por deslocamentos de elementos), da conservação dos conjuntos após mudança de disposições espaciais etc., encontram-se sempre, nos níveis pré-operatórios, reações centradas ao mesmo tempo em configurações perceptivas ou acompanhadas de imagens, seguidas, nos níveis operatórios, de reações fundadas sobre a identidade e a reversibilidade por inversão ou reciprocidade.[56]

2. *As operações concretas.* — As operações em jogo nesse gênero de problemas podem chamar-se "concretas" no sentido de que se baseiam diretamente nos objetos e não ainda nas hipóteses enunciadas verbalmente, como será o caso das operações proposicionais, que estudaremos no capítulo V; as operações concretas estabelecem, portanto, muito bem a transição entre a ação e as estruturas lógicas mais gerais, que implicam uma combinatória e uma estrutura de "grupo" a coordenarem as duas formas possíveis de reversibilidade. Nem por isso deixam essas operações nascentes de coordenar-se já em estruturas de conjunto, porém mais pobres

---

[56] Confirmados por inúmeros autores em diversos países, esses resultados não somente foram estabelecidos por nós por meio de interrogações, sobretudo qualitativas, e de controles estatísticos. Um de nós retomou essas questões por um método "longitudinal", acompanhando as mesmas crianças em intervalos repetidos, o que permitiu, por um lado, mostrar que se trata de um processo "natural" e muito gradual (sem retornos aos níveis ultrapassados) e, por outro lado, verificar que as três espécies de argumentos utilizados para justificar as conservações são interdependentes: a identidade, por exemplo, não precede necessariamente a reversibilidade, mas dela resulta, implícita ou explicitamente. Por outro lado, uma série de experiências foi empreendida para analisar os fatores que intervêm no descobrimento das conservações: exercício dos mecanismos fundamentais de reversibilidade, identidade e compensação, sucessão de estratégias, das mais simples às mais complexas etc. Observam-se nesses casos jogos de regulações (com anéis ou *feedbacks*), que estabelecem a transição com a operação, mas sem que as aprendizagens a curto prazo bastem a engendrar as estruturas operatórias nem, sobretudo, a atingir-lhes o remate sob a forma de encerramentos completos, que tornem possível um manejo propriamente dedutivo.

e que ainda se processam a pouco e pouco, à míngua de combinações generalizadas. Tais estruturas são, por exemplo, classificações, seriações, correspondências termo a termo ou entre um e diversos, matrizes etc. O peculiar a essas estruturas, que denominaremos "agrupamentos", é constituir encadeamentos progressivos, que comportam composições de operações diretas (por exemplo, uma classe A reunida à sua complementar A' dá uma classe total p; depois $B + B' = C$ etc.), inversas ($B - A' = A$), idênticas ($+ A - A = 0$), tautológicas ($A + A = A$) e parcialmente associativas: $(A + A') + B' = A + (A' + B')$ mas $(A + A) - A = A + (A - A)$.

Podem acompanhar-se, a esse respeito, nos diferentes níveis pré-operatórios, os esboços sucessivos do que virão a ser os "agrupamentos" aditivos e multiplicativos de classes e relações,[57] atingida a mobilidade inteiramente reversível e, por conseguinte, a possibilidade de composição dedutiva coerente, porque volta a fechar-se sem cessar sobre si mesma, apesar da extensão indefinida do sistema.

3. *A seriação.* — Bom exemplo desse processo construtivo é o da seriação, que consiste em ordenar os elementos segundo as grandezas crescentes ou decrescentes. Existem esboços sensório-motores da operação, quando a criança de 1 ano e meio a 2 anos constrói, por exemplo, uma torre por meio de cubos cujas diferenças dimensionais são imediatamente perceptíveis. Quando se entregam, em seguida, aos sujeitos dez regüinhas cujas diferenças pouco aparentes necessitam de comparações de duas em duas, observam-se as seguintes etapas: a princípio, pares ou pequenos conjuntos (uma pequena, uma grande etc.), mas não coordenáveis entre si; em segui-

---

[57] Do ponto de vista lógico, o "agrupamento" é uma estrutura de conjunto de composições limitadas (por contigüidade ou composição gradativa), aparentada ao "grupo" mas sem associatividade completa (cf. um "grupóide") e vizinha da "rede" mas em forma apenas de um meio ripado. A sua estrutura lógica foi formalizada por J. B. Grize (*Études d'épistémologie génétique*, vol. XI) e por G.-G. Granger (*Logique et analyse*, ano 8º, 1965).

da, uma construção por tacteios empíricos, que constituem regulações semi-reversíveis mas ainda não operatórias; enfim, um método sistemático que consiste em procurar, por comparações de duas em duas, primeiro o elemento menor, depois o menor dos que ficaram etc. Nesse caso, o método é operatório, porque um elemento qualquer E é compreendido de antemão como simultaneamente maior do que os precedentes ($E < D\,C\,B\,A$) e menor do que os seguintes ($E < F, G$ etc.), o que é uma forma de reversibilidade por reciprocidade. Mas sobretudo, no momento em que a estrutura atinge, assim, o seu remate, disso resulta incontinenti um modo até então desconhecido de composição dedutiva: a transitividade $A < C$ se $A < B$ e $B < C$ (fazendo comparar perceptivamente A e B depois B e C, mas escondendo em seguida A para fazer deduzir a sua relação com C, ao que se recusam os sujeitos pré-operatórios).

Dessa seriação operatória, adquirida cerca dos 7 anos, derivam correspondências seriais (fazer corresponder a badamecos de tamanhos diferentes, bengalas igualmente diferentes e mochilas igualmente seriáveis) ou seriações de duas dimensões (dispor numa matriz folhas de árvores que diferem, ao mesmo tempo, pelo tamanho e pela tonalidade da cor, mais ou menos escura). Esses sistemas são também adquiridos desde os 7 ou 8 anos.

4. *A classificação.* — A classificação constitui, do mesmo modo, agrupamento fundamental, cujas raízes se podem buscar até nas assimilações próprias dos esquemas sensório-motores. Quando se dão às crianças de 3 a 12 anos objetos para classificar ("ajuntar o que é parecido" etc.), observam-se três grandes etapas.[58] Os sujeitos mais novos principiam com "coleções figuras", isto é, dispõem os objetos não apenas segundo as suas semelhanças e diferenças individuais, mas justapondo-os espacialmente em fileiras, quadrados, círculos etc., de modo que a sua coleção comporte, por si

---

[58] B. Inhelder e J. Piaget, *La genèse des structures logiques élémentaires chez l'enfant*, Delachaux & Niestlé, 1959.

mesma, uma figura no espaço, servindo esta de expressão perceptiva ou acompanhada de imagens de "extensão" da classe (com efeito a assimilação sensório-motora, que conhece a "compreensão" não comporta "extensão" do ponto de vista do sujeito). A segunda etapa é a das coleções não figurais: pequenos conjuntos sem forma espacial que, por sua vez, podem diferençar-se em subconjuntos. A classificação parece então racional (desde os 5 anos e meio aos 6 anos) mas, analisada, revela ainda lacunas na "extensão": se, por exemplo, diante de um conjunto B de 12 flores, que compreende um subconjunto A de 6 primaveras, se pede à criança que mostre, sucessivamente, as flores B e as primaveras A, ela responde corretamente, porque pode designar o todo B e a parte A, mas se se lhe perguntar: "Há aqui mais flores ou mais primaveras?", ela não consegue responder segundo o encaixe $A < B$ porque, se pensa na parte A, o todo B deixa de conservar-se como unidade e a parte A só é comparável à sua complementar A' (e ela responderá, portanto, "a mesma coisa", ou, se houver 7 primaveras, dirá que há mais primaveras). Esse encaixe das classes em extensão é conseguido por volta dos 8 anos e caracteriza, então, a classificação operatória.[59]

5. *O número*. — A construção dos números inteiros efetua-se, na criança, em estreita conexão com a das seriações e inclusões de classes. Não se deve acreditar, com efeito, que uma criança pequena possua o número pelo simples fato de haver aprendido a contar

---

[59] A esta se ligam as duplas classificações (matrizes) que aparecem no mesmo nível: por exemplo, classificar quadrados e círculos, vermelhos ou brancos, em quatro compartimentos, agrupados segundo duas dimensões etc. Utilizaram-se estas estruturas como testes de inteligência (Haven), mas importa distinguir mais cuidadosamente que não se fizeram soluções operatórias das soluções simplesmente perceptivas fundadas nas simetrias figurais. Muito se estudaram também (Goldstein, Scheerer etc.) as mudanças de critérios nas classificações, isto é, as regulações antecipadoras e retroativas que redundam na mobilidade reversível.

verbalmente: a avaliação numérica permanece, na verdade, durante muito tempo, ligada, para ela, à disposição espacial dos elementos, em estreita analogia com as "coleções figurais" (veja mais acima 4). A experiência descrita no cap. III, § IV-5, demonstra-o: basta espaçar os elementos de uma de duas carreiras colocadas inicialmente em correspondência ótica para que o sujeito deixe de admitir-lhe a equivalência numérica. Ora, não se poderá, naturalmente, falar em números operatórios enquanto não se houver constituído uma conservação dos conjuntos numéricos independente dos arranjos espaciais.

Dito isto, poder-se-ia supor, com a teoria dos conjuntos e com os lógicos Frege, Whitehead e Russell, que o número procede simplesmente do estabelecimento de uma correspondência termo a termo entre duas classes ou dois conjuntos. Mas existem duas estruturas de correspondências: qualificadas, fundadas na semelhança dos elementos (por exemplo, nariz e nariz, testa e testa etc., na correspondência entre o modelo e a cópia) e as correspondências "quaisquer" ou "um a um". Ora, só estas conduzem ao número porque já encerram a unidade numérica. Resta, portanto, explicá-lo geneticamente, sem cair num círculo vicioso.

De acordo com esse ponto de vista, o número resulta, em primeiro lugar, de uma abstração das qualidades diferenciais, que tem como resultado tornar cada elemento individual equivalente a cada um dos outros: 1 = 1 = 1 etc. Estabelecido isto, esses elementos se tornam classificáveis segundo as inclusões (<): 1 < (1 + 1) < (1 + 1 + 1) etc. Mas são, ao mesmo tempo, seriáveis (→) e o único meio de distingui-los e de não contar duas vezes o mesmo elemento nessas inclusões é seriá-los (no espaço ou no tempo):[60] 1 → 1 → 1 etc. O número aparece assim como se constituísse simplesmente uma síntese da seriação e da inclusão: {[(1) → 1] → 1} → etc.; e

---

[60] Isto é, não segundo as relações "maior" mas segundo as únicas relações "antes" e "depois".

é por isso que se acha em ligação estreita com os dois agrupamentos (veja 3 e 4), mas como síntese original e nova. Aqui, ainda, a psicologia da criança esclarece questões que permanecem amiúde obscuras sem essa perspectiva genética. Inúmeros trabalhos, experimentais ou teóricos (formalização lógica), já procederam desse ponto de vista.[61]

6. *O espaço*. — As estruturas operatórias a que acabamos de aludir baseiam-se em objetos descontínuos ou discretos e fundam-se nas diferenças entre os elementos e suas semelhanças ou equivalências. Mas existe um conjunto de estruturas, exatamente isomorfas às precedentes, com a diferença de que se baseiam em objetos contínuos e fundam-se nas vizinhanças e separações. Ora, essas operações, a que podemos chamar "infralógicas" (no sentido de que se estribam em outro nível de realidade, e não por serem anteriores), constroem-se paralelamente às operações lógico-aritméticas e sincronicamente com elas, sobretudo no que respeita às operações espaciais (assim como, por outro lado, às operações temporais, cinemáticas etc.).

Exemplo notável é o da medida espacial,[62] que se constitui independentemente do número, mas em estreito isomorfismo com ele (com 6 meses de diferença, mais ou menos, porque, no contínuo, a unidade não é fornecida de antemão). A medida principia, de fato, com uma divisão do contínuo

---

[61] Foi assim que P. Gréco, que estudou as etapas ulteriores da construção do número, pôde mostrar que a síntese numérica das classes e da ordem serial só se efetua gradualmente para os números superiores a 7-8 ou 14-15: dessa maneira, pode-se falar numa aritmetização progressiva da série dos números. Do ponto de vista da formalização lógica, J. B. Grize forneceu uma apresentação coerente da síntese em apreço mostrando que as limitações inerentes aos agrupamentos são suprimidas desde que se fundem, num só, todos os agrupamentos de classes e relações, *Études d'épistémologie*, t. XIII e XV, 1961-1962, Presses Universitaires de France.
[62] J. Piaget, B. Inhelder, A. Szeminska, *La géométrie spontanée chez l'enfant*, Presses Universitaires de France, 1948.

e um encaixe das partes em isomorfismo com a inclusão das classes. Mas, para constituir e utilizar a unidade, uma das partes deve ser aplicada sucessivamente sobre o todo por deslocamento ordenado (= sem cruzamentos etc.), o que corresponde a uma seriação: a medida surge, assim, como síntese do deslocamento e da adição partitiva no mesmo sentido que o número é a síntese da seriação e da inclusão.

Mas a medida não é mais do que um caso particular de operações espaciais e, considerando-se estas últimas em conjunto, observa-se, na criança, uma situação de grande interesse geral e teórico. Historicamente, a geometria científica começou com a métrica euclidiana, a que se seguiram a geometria projetiva e, por fim, a topologia. Teoricamente, pelo contrário, a topologia constitui um fundamento geral, de onde se podem tirar, paralelamente, o espaço projetivo e a métrica geral, da qual procede a euclidiana. Ora, é notável que o desenvolvimento das intuições pré-operatórias e, logo, das operações espaciais na criança esteja bem mais próximo da construção teórica do que das filiações históricas: as estruturas topológicas de divisão da ordem (vizinhanças, separações, envolvimentos, abertura e fechamento, coordenação das vizinhanças em ordem linear e, em seguida, bi ou tridimensional etc.) precedem nitidamente as outras, procedendo depois, dessas estruturas de base, simultânea e paralelamente, as estruturas projetivas (pontual, coordenação dos pontos de vista etc.) e as estrututas métricas (deslocamentos, medida, coordenadas ou sistemas de referência, na qualidade de generalização da medida de 2 ou 3 dimensões. Veja tembém o cap. III, § III.

7. *Tempo e velocidade.* — Recordemos, enfim, as operações que intervêm na estruturação das velocidades e do tempo.[63] Em relação com o primado inicial das estruturas topológicas e ordinais, a noção de velocidade não principia em sua forma métrica ($v = e/t$), atingida somente aos 10-11 anos, senão

---

[63] J. Piaget, *Les notions du mouvement et de vitesse chez l'enfant*, Presses Universitaires de France, 1945, e J. Piaget, *Le développement de la notion du temps chez l'enfant*, Presses Universitaires de France, 1946.

em forma ordinal: um móvel é mais rápido que outro se o ultrapassa, isto é, se, estando atrás dele num momento anterior, está, a seguir, à sua frente num momento ulterior. Num nível pré-operatório a criança, em geral, não considera senão os pontos de chegada (malogro na semi-ultrapassagem e no simples alcançamento), depois estrutura operatoriamente as ultrapassagens antecipadas tanto quanto as constatadas; em seguida, chega a tomar em consideração a grandeza crescente ou decrescente dos intervalos (nível hiperordinal) e acaba, por fim, estabelecendo relação entre as durações e os espaços percorridos.

Quanto à noção do tempo, esta repousa, em sua forma acabada, em três espécies de operações: 1) uma seriação dos acontecimentos constitutiva da ordem de sucessão temporal; 2) um encaixe dos intervalos entre os acontecimentos pontuais, fonte da duração; 3) uma métrica temporal (já em ação no sistema das unidades musicais, muito antes de toda elaboração científica), isomorfa à métrica espacial. Ocorre apenas que, enquanto a estruturação ordinal das velocidades independe da duração (mas naturalmente não da ordem temporal), a duração, como, aliás, já a simultaneidade, depende das velocidades. Com efeito, as operações precedentes (1-3) permanecem independentes da rapidez maior ou menor de escoamento do tempo e não ensinam nada ao sujeito sobre a própria cadência do escoamento[64] que depende do conteúdo físico ou psicológico da duração da qual esta não se dissocia. A criança começa a julgar a duração apenas de acordo com esse conteúdo, esquecendo a velocidade (o que nós mesmos ainda fazemos, amiúde, nas avaliações intuitivas): achará, assim, que um móvel andou mais tempo se chegou mais longe etc. Depois disso, estabelece-se relação entre o conteúdo e a velocidade do seu desenrolar, o que constitui, então, o tempo como relação objetiva e confere às operações mencionadas influência sobre o escoamento como tal, do tempo: é o que se patenteia nas operações de medida do tempo (velocidade do movimento do relógio), ao passo que, nos

---

[64] Com efeito, se uma hora, medida no relógio, durasse 10 vezes mais ou 10 vezes menos, as operações 1-3 dariam idênticos resultados para os mesmos acontecimentos.

sujeitos pequenos, o emprego de tais indicações não serve de nada, pois eles imaginam que o ponteiro do relógio ou a areia da ampulheta se deslocam com velocidades variáveis, conforme o conteúdo que há de ser medido.

III — *A representação do universo. Causalidade e acaso*

Em relação com o núcleo operatório do pensamento, estende-se grande número de atividades estruturadas em graus diversos segundo chegam, com maior ou menor facilidade, a assimilar o real. A causalidade e o acaso são os dois pólos essenciais entre os quais se distribuem.

Desde as proximidades dos 3 anos, a criança formula a si mesma e aos que a cercam uma série de perguntas, as mais notáveis das quais são os "porquês". É, então, possível estudar a maneira pela qual essas perguntas são formuladas, pois o modo pelo qual se ventila um problema já indica o gênero de respostas ou soluções que o sujeito espera receber. Por outro lado, naturalmente, convém retomar as mesmas perguntas, ou outras análogas, como temas de interrogação de outras crianças.

Uma primeira constatação geral impõe-se a respeito: os "porquês" revelam uma pré-causalidade intermediária entre a causa eficiente e a causa final, e tendem em particular a encontrar uma razão, desses dois pontos de vista, para os fenômenos que, para nós são fortuitos mas, para a criança, provocam ainda mais a necessidade de uma explicação finalista. "Por que há dois Salèves,[65] um grande e um pequeno?" pergunta, por exemplo, um menino de 6 anos. Ao que quase todos os seus contemporâneos,

---

[65] Nome de um monte que se ergue nas proximidades de Genebra. (N.T.)

interrogados sobre esse ponto, responderam: "É porque é preciso um para os passeios grandes e outro para os pequenos."

Um de nós procurou, portanto, no passado, descrever os principais aspectos dessa pré-causalidade infantil de natureza pré-operatória.[66] Além do finalismo quase integral, pôs de manifesto um "realismo" devido à não diferenciação do psíquico e do físico: os nomes estão ligados materialmente às coisas, os sonhos são quadrinhos materiais que se contemplam no quarto, o pensamento é uma espécie de voz ("a boca que está atrás de minha cabeça e fala com a minha boca da frente"). O animismo nasce da mesma não diferenciação, porém em sentido inverso: tudo o que está em movimento é vivo e consciente, o vento sabe que sopra, o sol que anda etc. Às perguntas de origem, tão importantes para os pequenos na medida em que estão ligadas ao problema do nascimento dos bebês, os pequenos sujeitos respondem com um artificialismo sistemático: os homens cavaram o lago, puseram água dentro dele e toda essa água vem das fontes e dos canos. Os astros "nasceram quando nós nascemos, a gente nasceu" diz um garoto de 6 anos, "porque antes não havia necessidade de sol" e este nasceu de uma bolinha que se atirou ao ar e cresceu, pois a gente pode ser ao mesmo tempo vivo e fabricado, como os bebês.[67]

---

[66] J. Piaget, *La causalité physique chez l'enfant*, *La représentation du monde chez l'enfant*, Alcan, 1927.
[67] Essa pré-causalidade foi reestudada por certo número de autores anglo-saxões, alguns dos quais encontraram os mesmos fatos, ao passo que outros opugnaram, violentamente, essas interpretações. A isto seguiu-se o silêncio até muito recentemente, quando dois autores canadenses de talento, M. Laurendeau e A. Pinard (*La pensée causale*, Presses Universitaires de France, 1962) retomaram o problema do duplo ponto de vista dos fatos (em larga escala estatística) e do método. Ora, encontraram, em suas linhas mestras, os mesmos fatos. Quanto ao método, puderam mostrar que os autores favoráveis à pré-causalidade haviam examinado os seus resultados como nós, criança por criança, ao passo que os adversários haviam examinado os seus, objeto por objeto, sem atentar para os estádios nem para o pormenor das reações individuais.

Ora, essa pré-causalidade apresenta o interesse de estar muito próxima das formas sensório-motoras que denominamos "mágico-fenomenistas" no cap. I, § II! Como elas, resultam de uma espécie de assimilação sistemática dos processos físicos à ação própria, o que conduz, às vezes (além das estruturas causais recordadas no momento), a atitudes quase mágicas (exemplos os inúmeros sujeitos de 4 a 6 anos que crêem que a lua os segue, ou até que eles a obrigam a segui-los). Mas, assim como a pré-causalidade sensório-motora dá lugar (desde os estádios IV a VI dos §§ I e II, cap. I) a uma causalidade objetivada e espacializada, assim a pré-causalidade representativa, que é essencialmente assimilação à ação, se transforma, a pouco e pouco, no nível das operações concretas, numa causalidade racional por assimilação não mais às ações próprias em sua orientação egocêntrica, senão às operações na qualidade de coordenações gerais das ações.

Bom exemplo dessa causalidade operatória é o do atomismo infantil como derivante das operações aditivas e da conservação que delas decorre. A propósito de experiências de conservação, interrogamos, outrora, crianças de 5-12 anos sobre o que se passa após a dissolução de pedaços de açúcar num copo d'água.[68] Até 7 anos, mais ou menos, o açúcar dissolvido se destrói e o seu gosto se dissipa como simples cheiro; a partir dos 7-8 anos a sua substância se conserva, mas não se lhes conservam o peso nem o volume; a partir dos 9-10 anos, acrescenta-se-lhe a conservação do peso e, a partir dos 11-12 anos, a do volume (que se reconhece pelo fato de que o nível da água, um pouco aumentado quando se opera a imersão dos pedaços, não volta ao nível inicial após a dissolução). Ora, essa tripla conservação (paralela à que se encontra por ocasião das modificações da bolinha de argila) explica-se, para a criança, pela hipótese de que os grãozinhos do açúcar em

---

[68] J. Piaget e B. Inhelder, *Le développement des quantités physiques chez l'enfant*, Delachaux & Niestlé, 1962.

vias de fundir-se tornam-se muito pequenos e invisíveis, e assim conservam, primeiro, a substância sem peso nem volume, depois o primeiro e, em seguida, igualmente o segundo, equivalendo a soma dos grãos elementares à substância total, depois ao peso, depois ao volume dos pedaços de açúcar antes da dissolução. Há, portanto, aí um belo exemplo de explicação causal, por projeção no real de uma composição operatória.

Mas o obstáculo a essas formas operatórias de causalidade (e poderiam citar-se muitas outras, como as composições entre impulsos e resistências no movimento transitivo) é que o real resiste à dedução e que comporta sempre uma parte mais ou menos grande de aleatório. Ora, o interesse das reações da criança ao aleatório é que ela não apreenderá a noção de acaso ou de mistura irreversível enquanto não estiver de posse de operações reversíveis que lhe sirvam de referências, ao passo que, construídas estas últimas, compreende o irreversível como resistência à dedutibilidade operatória.

Uma experiência simples que fizemos, entre muitas outras,[69] a esse respeito consistiu em apresentar uma caixa capaz de balouçar lentamente, que continha, de um lado, 10 pérolas brancas e, de outro, 10 pretas, agrupadas respectivamente em pequenos compartimentos: tratava-se então de antecipar-lhes a mistura progressiva por ocasião dos balouços e a pequena probabilidade de um retorno das brancas em conjunto e das pretas separadas das primeiras. Ora, no nível pré-operatório a finalidade leva a melhor ao fortuito: cada uma delas vai voltar ao seu lugar, prevê a criança de 4 a 6 anos e, quando constata a mistura, "elas vão-se desmisturar", diz ela, ou então as pretas vão tomar o lugar das brancas e vice-versa, numa contradança alternativa e regular. A partir dos 8-9 anos, ao contrário, há previsão da mistura e da improbabilidade de um retorno ao estado inicial.

Notemos ainda que, se o acaso, a princípio, só é concebido como negativo, como obstáculo à dedutibilidade, a criança acaba, em seguida, por assimilar-lhe o aleatório à operação, compreendendo que, se os casos indivi-

---

[69] J. Piaget e B. Inhelder, *La genèse de l'idée de hasard chez l'enfant*, Presses Universitaires de France, 1951.

duais permanecem imprevisíveis, os conjuntos dão lugar à previsibilidade: a noção de probabilidade se constrói, então, pouco a pouco, com relação entre os casos favoráveis e os casos possíveis. Mas o seu remate supõe uma combinatória, isto é, uma estrutura que só se elaborará depois dos 11-12 anos (cap. V, § III-4).

IV — *As interações sociais e afetivas*

O processo evolutivo, cujo aspecto cognitivo acabamos de descrever (cap. IV, §§ II e III), liga também as estruturas do nível sensório-motor inicial às do nível de operações concretas, que se constituem entre 7 e 11 anos, passando, porém, por um período pré-operatório (2-7 anos) caracterizado pela assimilação sistemática à ação própria (jogo simbólico, não conservações, pré-causalidade etc.) que constitui, ao mesmo tempo, obstáculo e preparação para a assimilação operatória. É evidente que a evolução afetiva e social da criança obedece às leis desse mesmo processo geral, visto que os aspectos afetivos, sociais e cognitivos da conduta são, de fato, indissociáveis: como já vimos (cap. I, § IV), a afetividade constitui a energética das condutas cujas estruturas correspondem às funções cognitivas e, se a energética não explica a estruturação nem o inverso, nenhuma das duas poderia funcionar sem a outra.

1. *Evolução*. — O advento da representação, devido à função semiótica, é, com efeito, tão importante para o desenvolvimento da afetividade e das relações sociais quanto o é para o das funções cognitivas: o objeto afetivo sensório-motor não passa de um objeto de contato direto, que se não pode evocar durante as separações. Com a imagem mental, a memória de evocação, o jogo simbólico e a linguagem, o objeto afetivo está, pelo contrário, sempre

presente e sempre atuante, até em sua ausência física, e esse fato fundamental acarreta a formação de novos afetos, sob a forma de simpatias ou antipatias duradouras, no que concerne a outrem, e de consciência ou valorização duradouras de si, no que concerne ao eu.

Disso resulta uma série de novidades, cujo apogeu principia cerca dos 3 anos com o que Ch. Bühler denominou crise de oposição, assinalada pela necessidade de afirmação e independência, assim como por todos os gêneros de rivalidades, de tipo edipiano ou, de modo geral, em relação aos mais velhos; e tudo isso se traduz, sem cessar, pelas elaborações do jogo simbólico tanto nos aspectos afetivos quanto nas condutas efetivas e não lúdicas. Mas essa tomada de consciência de si, que constitui muito mais uma valorização do que um descobrimento introspectivo, leva a criança a opor-se à pessoa alheia, conduzida, igualmente, visto que se trata essencialmente de valorizações, a conquistar-lhe a afeição e a estima.[70]

2. *O problema.* — Essa situação dialética, ainda instável e equívoca, domina toda a primeira infância e todo o seu comportamento social, o que explica as controvérsias e, às vezes, os diálogos de

---

[70] G. Guex, "As condições intelectuais e afetivas do Édipo", *Revue française de psychanalyse*, nº 2, 1949, pp. 257-276. Segundo G. Guex, o estabelecimento das relações objetais no nível sensório-motor é devido, antes de tudo, a uma necessidade de segurança, ao passo que, no nível de 3 a 5 anos, domina a conquista da estima alheia. Mas G. Guex fala aqui de autonomia e espanta-se de vê-la surgir antes do nível de cooperação, que principia tão claramente aos 7 ou 8 anos (isto é, em relações estreitas com o desenvolvimento das operações concretas, já se verá por quê). Em realidade, porém, não se trata absolutamente, por ocasião da crise de oposição, de uma autonomia no sentido ulterior, isto é, de uma submissão do eu a regras ("nomia") que ele se dá a si mesmo ("auto-") ou que elabora livremente em cooperação com os seus semelhantes: trata-se apenas de independência (anomia e não autonomia) e precisamente de oposição, isto é, dessa situação complexa e talvez mesmo contraditória em que o eu se quer, ao mesmo tempo, livre e estimado por outrem.

surdos entre os autores que insistiram particularmente num ou noutro pólo da vida social, característica do período.

Notemos primeiro que o termo "social" pode corresponder a duas realidades bem distintas, do ponto de vista afetivo, como já o acentuamos ao estudar o ponto de vista cognitivo: há, primeiro, as relações entre a criança e o adulto, fonte de transmissões educativas e lingüísticas das contribuições culturais, do ponto de vista cognitivo, e fonte de sentimentos específicos e, em particular, dos sentimentos morais (veja o cap. IV, § V), do ponto de vista afetivo; e há, em seguida, as relações sociais entre as próprias crianças, e em parte entre crianças e adultos, mas como processo contínuo e construtivo de socialização e não mais simplesmente de transmissão em sentido único.

Ora, foi essencialmente esse processo de socialização que se constituiu em problema. Para certos autores (Ch. Bühler,[71] Grünbaum, Buytendijk,[72] Wallon[73] e seu discípulo Zazzo,[74] a criança apresenta o *máximo* de interações ou, pelo menos, de interdependências sociais no curso da primeira infância (nosso nível pré-operatório), ao passo que, ao depois, conquista uma personalidade individualizada por uma espécie de retirada, de retomada ou de liberação em relação a essas interdependências iniciais. Para outros autores, ao contrário, entre os quais nos achamos nós, existe um processo de socialização, progressivo e não regressivo, de tal sorte que, a despeito das aparências, a individualidade que tende à autonomia, na criança de 7 anos para cima, é mais socializada do que o eu interdependente da primeira infância e, apesar das apa-

---

[71] K. Bühler, *Kindheit und Jungend*, 3ª edição, Hirzel, Lípsia, 1931.
[72] F. J. Buytendijk, *Wesen und Sinn des Spiels*, Berlim, 1934 (Wolff).
[73] H. Wallon, "*L'étude psychologique et sociologique de l'enfant*", *Cahiers internationaux de sociologie*, 1947, vol. 3, pp. 3-23.
[74] R. Zazzo, *Les jumeaux*, Presses Universitaires de France, 1960.

rências, essas interdependências sociais iniciais de 2 a 7 anos revelam, em realidade, um *mínimo* de socialização porque insuficientemente estruturadas (sendo aqui muito mais importante a estrutura interna das relações do que a fenomenologia global a que se aferram alguns).

Examinando esse debate com o recuo hoje possível, parece perfeitamente evidente que os autores que manifestam as duas espécies de tendências dizem, mais ou menos, as mesmas coisas e diferem muito mais pelo vocabulário do que pelas soluções. Cumpre, portanto, entregar-se a gente a uma análise relacional, e não conceptual, para chegar a distinguir os pontos de vista do sujeito e do observador, segundo um relativismo tal que certas conexões possam ser interpretadas, simultaneamente, como interdependências sociais e instrumentos insuficientes de socialização.

3. *A socialização.* — O método mais seguro consiste, pois, visto que todos aceitam o caráter não dissociável e paralelo dos desenvolvimentos cognitivo e afetivo ou social, em utilizar como fio condutor o resultado das pesquisas sobre as atitudes intelectuais próprias do nível pré-operatório. A pré-causalidade (cap. IV, § III) constitui, a esse respeito, notável exemplo de situação em que o sujeito tem a convicção de atingir os mecanismos exteriores e objetivos da realidade, ao passo que, do ponto de vista do observador, é claro que se limita a assimilá-los a certo número de carateres subjetivos da ação própria. Ora, o que é evidente no caso da pré-causalidade é também igualmente verdadeiro, embora às vezes menos aparente, no das não conservações e no de todas as reações pré-operatórias. De modo geral, pode-se dizer que a diferença essencial entre os níveis pré-operatório e operatório é que, no primeiro, domina a assimilação à ação própria, ao passo que, no segundo, sobreleva a assimilação às coordenações gerais da ação, portanto às operações.

Vê-se, então, sem dificuldade, a possível analogia com as fases do processo da socialização. É hoje absolutamente claro com efeito, que a coordenação geral das ações, que caracteriza o núcleo funcional das operações, engloba igualmente as ações interindividuais e as ações intra-individuais a tal ponto que não tem sentido a gente perguntar se é a cooperação (ou as cooperações) cognitiva que engendra as operações individuais ou se é o contrário. Torna-se, portanto, manifesto que, no nível das operações concretas, se constituem novas relações interindividuais, de natureza cooperativa, e não há razão alguma para que se limitem às trocas cognitivas, visto que os aspectos cognitivos e afetivos da conduta são indissociáveis.

Sendo assim, é então muito provável que as trocas sociais peculiares ao nível pré-operatório sejam de caráter pré-cooperativo, se assim se pode dizer, isto é, ao mesmo tempo sociais, do ponto de vista do sujeito e centrados na própria criança e em sua atividade própria, do ponto de vista do observador. Foi exatamente o que um de nós quis dizer, outrora, ao falar em "egocentrismo infantil", mas, como se viu mais acima (cap. III, § II, nota 33), esse termo foi muitas vezes mal compreendido, embora tenhamos insistido, incessantemente, na sua significação de certo modo epistêmica (dificuldade em advertir-se das diferenças dos pontos de vista entre os interlocutores, portanto em ser capaz de descentração) e não corrente ou "moral".

Ora, os fatos são claríssimos hoje em dia em três espécies de domínios: jogos de regras, ações em comum e trocas verbais.

1. Os jogos de regras são instituições sociais, no sentido da sua permanência no curso das transmissões de uma geração à seguinte e de suas características independentes da vontade dos indivíduos que os aceitam. Alguns desses jogos transmitem-se com a participação do adulto, mas outros permanecem especificamente infantis, como o jogo das bolinhas de gude entre meninos, que termina cerca dos 11-12 anos em Genebra. Estes últimos jogos se encontram, portanto, na situação mais favorável, na dupla qualidade de lúdicos e exclusivamente infantis, para dar lugar ao desenvolvimento da vida social entre crianças.

Ora, ao passo que, depois dos 7 anos, as partidas de bolinhas são bem estruturadas, com observação comum das regras conhecidas dos parceiros, com vigilância mútua sobre essa observação e, sobretudo, com tal espírito coletivo de competição honesta em que uns ganham e outros perdem de acordo com as regras admitidas, o jogo dos sujeitos pequenos apresenta características inteiramente outras. Em primeiro lugar, cada um tomou de empréstimo dos mais velhos regras mais ou menos diferentes, porque o seu conjunto é complexo e a criança começa por guardar apenas parte delas. Em seguida, o que não é mais significativo, não há controle, isto é, cada qual joga como bem entende, sem se preocupar demasiado com os outros. Enfim, e sobretudo, ninguém perde e todo o mundo ganha ao mesmo tempo, pois o objetivo é distrair-se a criança jogando para si, ao mesmo tempo que é estimulada pelo grupo e participa de uma ambiência coletiva. Esses fatos são, portanto, de caráter inteiramente não diferenciado entre a conduta social e a centração na ação própria, ainda sem cooperações autênticas, mesmo no plano lúdico.

2. Num estudo interessante sobre o trabalho em comum de crianças de idades diferentes, R. Froyland Nielsen[75] procedeu ora observando diretamente atividades espontâneas, ora submetendo a criança a dispositivos que necessitam de um *mínimo* de organização: trabalhar, aos pares, em mesas muito pequenas, dispor de um único lápis para desenhar, ou de lápis amarrados um ao outro, utilizar um material comum etc. Obteve, assim, duas espécies de resultados. De um lado, observou uma evolução, mais ou menos regular, do trabalho solitário à colaboração, não tendo o trabalho solitário eventual dos grandes a mesma significação não intencional e, por assim dizer, não consciente que o dos pequenos, os quais, trabalhando cada qual para si, se sentem em comunhão e em sinergia com os vizinhos, mas sem se ocuparem do que eles fazem em detalhe. Por outro lado, constatou uma dificuldade inicial, mais ou menos sistemática, de achar e até de procurar modos de colaboração, como se esta não constituísse um fim específico que se busca por si mesmo, com métodos apropriados.

---

[75] R. F. Nielsen, *Le développement de la sociabilité chez l'enfant*, Delachaux & Niestlé, 1951.

3. Enfim, estudos antigos de um de nós sobre as funções da linguagem nas trocas entre crianças chegaram a resultados muito semelhantes, na origem, aliás, das outras pesquisas recordadas, mas que provocaram muito maiores discussões. O fato bruto é que, em certos meios escolares em que as crianças trabalham, brincam e falam livremente, as expressões dos sujeitos de 4 a 6 anos não se destinam todas a fornecer informações ou a formular perguntas etc. (= linguagem socializada), mas consistem, amiúde, em monólogos ou "monólogos coletivos", em cujo transcurso cada um fala para si, sem escutar os outros (= linguagem egocêntrica).

Ora, demonstrou-se, em primeiro lugar, que a percentagem de conversas egocêntricas depende do meio. Nas trocas entre pais e filhos, D. e R. Katz encontraram pouquíssimas conversas desse tipo, ao passo que A. Leuzinger, mãe e professora da criança estudada, descobriu-as em maior número em casa do que na escola e com o adulto do que entre crianças (caso de educações intervencionistas ou não). S. Isaacs pouco observou delas num trabalho escolar atraente, porém muito mais no jogo (o que é muito coerente com o que vimos do jogo simbólico).[76]

O essencial, a esse respeito, é não se prender o pesquisador ao conjunto das expressões espontâneas das crianças, cuja interpretação, como o demonstra a experiência, nem sempre é fácil, senão, como já o tinha feito um de nós, aprofundar a análise das duas situações-tipos, nas quais se pode examinar, mais de perto, a medida em que uma criança consegue ou não exercer, pela linguagem, uma ação sobre uma outra: a explicação de criança para criança e a discussão entre crianças. Ora, nesses dois casos, a observação mostra a dificuldade sistemática dos pequenos de se colocarem no ponto de vista do parceiro, de fazê-lo compreender a informação desejada e

---

[76] Quanto à interpretação da linguagem egocêntrica, Vygotsky (*Thought and Language*, Wiley & Sons, 1962), que encontrou os mesmos fatos na U.R.S.S., interpreta-os como se constituíssem o equivalente funcional na criança e a fonte da linguagem interior do adulto, isto é, tratar-se-ia de uma utilização individual, mas não necessariamente egocêntrica da palavra. Essa interpretação é muito aceitável, mas com a condição de precisar que ela também não exclui o egocentrismo (no sentido preciso indicado).

de modificar-lhe a compreensão inicial. Não é senão depois de longo exercício que a criança chega (no nível operatório) a falar não mais para si, porém na perspectiva de outrem. Em sua crítica da linguagem egocêntrica, R. Zazzo concluiu que, em tais situações, a criança não fala "para ela" mas "segundo ela", isto é, em função de suas limitações bem como de suas possibilidades. Não poderíamos deixar de concordar mas, voltando às observações do princípio de 3 deste § IV: em sua perspectiva própria, o sujeito fala para o interlocutor e não para si; na dos observadores, porém, que o compararam ao que ele saberá fazer depois, fala do seu ponto de vista e não consegue assegurar um contato cooperativo.

V — *Sentimentos e julgamentos morais*

Um dos resultados essenciais das relações afetivas entre a criança e os pais, ou os adultos que lhes desempenham o papel, é engendrar os sentimentos morais específicos de obrigação de consciência. Freud popularizou a noção de um "sobre eu", ou interiorização da imagem afetiva do pai ou dos pais, que se torna fonte de deveres, de modelos coativos, de remorsos e, às vezes, até de autopunições. Mas essa concepção é mais antiga e já foi notavelmente desenvolvida na obra de J. M. Baldwin. Este, que atribuía à imitação a formação do próprio eu (visto que a imitação é necessária para fornecer, primeiro, a imagem completa do próprio corpo, depois a comparação entre as reações gerais de outrem e do eu), mostrou que, a partir de certa fronteira, que se desenha por ocasião de conflitos de vontade, como também em razão dos poderes gerais superiores do adulto, o eu dos pais já não pode ser imitado imediatamente e torna-se, então, um "eu ideal", fonte de modelos coativos e, portanto, de consciência moral.

A PSICOLOGIA DA CRIANÇA 111

1. *Gênese do dever*. — P. Bovet[77] forneceu desse processo uma análise mais minuciosa e mais exata. De acordo com ele, a formação do sentimento de obrigação está subordinado a duas condições, necessárias uma e outra e que se bastam a si mesmas: 1) a intervenção de instruções dadas do exterior, isto é, ordens com prazo indeterminado (não mentir etc.); e 2) a aceitação dessas instruções, a qual supõe a existência de um sentimento *sui generis* daquele que as recebe por aquele que as dá (pois a criança não aceita instruções de qualquer um, como um irmão caçula ou um personagem indiferente). Esse sentimento, segundo Bovet, é o do respeito, composto de afeição e temor: a afeição sozinha não bastaria a impor a obrigação, e o temor sozinho provoca apenas uma submissão material ou interessada, mas o respeito comporta, ao mesmo tempo, a afeição e uma espécie de temor ligado à situação do inferior em relação ao superior, bastando a determinar a aceitação das instruções e, por conseguinte, o sentimento de obrigação.[78]

Entretanto, o respeito descrito por Bovet constitui apenas uma das duas formas possíveis de respeito. Nós lhe chamaremos "unilateral", porque liga um inferior a um superior considerado como tal, e o distinguiremos do "respeito mútuo" fundado na reciprocidade da estimação.

Ora, esse respeito unilateral, se bem seja a fonte do sentimento do dever, engendra na criança pequena uma moral da obediência essencialmente caracterizada pela *heteronomia*, que se atenuará, em seguida, para dar lugar, pelo menos parcialmente, à autonomia própria do respeito mútuo.[79]

---

[77] P. Bovet, *"Les conditions de l'obligation de conscience"*, *Année psychologique*, 1912.
[78] Fundada na psicologia da criança, essa análise se opõe, ao mesmo tempo, às de Kant e de Durkheim. Kant via no respeito um sentimento de tipo único, que não se liga a uma pessoa como tal, mas somente como encarnação ou representação da lei moral. Durkheim pensava o mesmo, substituindo a "lei" pela "sociedade". Para ambos, o respeito era, pois, um efeito da obrigação, ulterior a ela, ao passo que, para Bovet, é a sua causa prévia e é incontestável que ele tem razão no que concerne à criança: esta não respeita o pai como representante da lei ou do grupo social, mas como indivíduo superior, fonte das coações e das leis.
[79] J. Piaget, *Le jugement moral chez l'enfant*, Alcan, 1932, Presses Universitaires de France.

2. A heteronomia. — Essa heteronomia se traduz por certo número de reações afetivas e estruturas notáveis, próprias do julgamento moral, antes dos 7-8 anos.

Do ponto de vista afetivo, cumpre notar primeiro (como o fizemos um de nós e certos colaboradores de Lewin) que o poder das instruções está inicialmente ligado à presença material daquele que as deu: em sua ausência a lei perde a ação, ou a sua violação é apenas ligada a um mal-estar momentâneo.

Com o passar do tempo, esse poder se torna duradouro e produz-se, então, um jogo de assimilações sistemáticas, que os psicanalistas exprimem falando em identificações com a imagem dos pais ou com as imagens de autoridade. Mas a submissão não poderia ser total e tais imagens engendraram uma ambivalência mais ou menos sistemática, conforme os casos. Em outros termos, os componentes do respeito se dissociam e a dissociação acaba em mistos de afeição e hostilidade, simpatia e agressividade, ciúmes etc. É provável que os sentimentos de culpa, que produzem, às vezes, devastações durante a infância e muito mais tarde ainda, estejam ligados, pelo menos em suas formas quase neuróticas, antes a essas ambivalências do que à ação simples das instruções e do respeito inicial.[80]

3. O realismo moral. — Do ponto da vista do julgamento moral, a heteronomia conduz a uma estrutura assaz sistemática, pré-operatória no duplo ponto de vista dos mecanismos cognitivos relacionais e dos processos de socialização: é o *realismo moral*,

---

[80] A culpabilidade engendra sentimentos de angústia, estudados notadamente por Ch. Odier (*L'angoisse et la pensée magique*, Delachaux & Niestlé, 1947) e A. Freud (*Le moi et les mécanismes de défense*, Presses Universitaires de France), com os mecanismos de defesa que essas ansiedades provocam: a criança experimenta, por exemplo, um sentimento de culpa por haver sido hostil, e a angústia dela nascida conduz a autopunições, sacrifícios etc., e combina-se, às vezes, como o demonstrou Odier, com certas formas quase mágicas de pré-causalidade (cap. IV, § IV) a título de instrumentos de defesa e proteção (o que, aliás, não é peculiar às angústias morais: um rapazinho, futuro matemático, mudava de itinerário para ir ao dentista depois de sofrer muito na consulta anterior, como se a dor dependesse do caminho percorrido).

segundo o qual as obrigações e valores são determinados pela lei ou pelas instruções em si mesmas, independentemente do contexto das intenções e relações.

Um de nós observou, por exemplo, uma criança que era sujeita habitualmente a determinadas instruções maternas sem nenhuma importância moral (acabar certa parte da refeição) e que, no dia em que essas instruções foram suspensas pela própria mãe, por motivos ao mesmo tempo compreensíveis e válidos (indisposição da criança) já não pôde deixar de sentir-se obrigada por elas e culpada por não as respeitar.

No domínio da avaliação das responsabilidades, o realismo moral conduz a esta forma bem conhecida na história do direito e da moral, que se chamou *responsabilidade objetiva*: o ato é avaliado em função do seu grau de conformidade material com a lei e não em função das más intenções de violar a lei ou de encontrar-se a boa intenção, de modo involuntário, em conflito com a lei.[81] No domínio da mentira, por exemplo, a criança recebe as instruções da veracidade muito antes de compreender-lhes o valor social, por falta de socialização suficiente, e antes, às vezes, de poder distinguir o engano intencional das deformações do real devidas ao jogo simbólico ou ao simples desejo. Disso, então, resulta que a regra da veracidade permanece como que exterior à personalidade do sujeito e dá lugar a uma situação típica de realismo moral e responsabilidade objetiva, parecendo grave a mentira na medida não em que corresponde a uma intenção de enganar, mas em que se afasta materialmente da verdade objetiva. Um de nós, por exemplo, fez que se comparasse uma mentira real (contar a criança, em casa, que teve boa nota na escola, sem ter sido interrogada) a uma simples exageração (contar, depois de ter tido medo de um cachorro, que este era grande como um cavalo ou uma vaca). Ora, para os pequenos (e isso foi verificado por Caruso em Lovaina etc.) a primeira mentira não é "má", pois 1) acontece com freqüên-

---

[81] Na história do direito primitivo, um homicídio é criminoso ainda que acidental e não devido à negligência; tocar a arca santa é violação de tabu, ainda que haja risco na demora.

cia que se têm boas notas; e principalmente 2) "mamãe acreditou"! A segunda "mentira", pelo contrário, é muito "má" porque nunca se viu um cachorro daquele tamanho...

4. *A autonomia.* — Com os progressos da cooperação social entre crianças e os progressos operatórios correlativos, a criança chega a relações morais novas, fundadas no *respeito mútuo*, e que conduzem a certa *autonomia*, sem que seja preciso, naturalmente, exagerar a parte desses fatores em relação à ação continuada dos precedentes. Dois fatos importantes, no entanto, são de notar.

1) De um lado, nos jogos de regras, as crianças com menos de 7 anos, mais ou menos, que recebem as regras já prontas dos mais velhos (por um mecanismo derivado do respeito unilateral) consideram-nas "sagradas", intangíveis e de origem transcendente (os pais, os "Senhores" do governo, Nosso Senhor etc.). Os grandes, pelo contrário, vêem na regra um produto do ajuste entre contemporâneos, e admitem que se possa modificá-la contanto que haja acordo unânime, democraticamente concertado.

2) De outro lado, produto essencial do respeito mútuo e da reciprocidade é o sentimento da justiça, não raro adquirido às expensas dos pais (por ocasião de uma injustiça involuntária etc.). Ora, já aos 7-8 anos e, depois, cada vez mais, a justiça sobreleva a própria obediência e torna-se norma central, equivalente, no terreno afetivo, às normas de coerência no terreno das operações cognitivas (a tal ponto que no nível da cooperação e do respeito mútuo existe um paralelismo notável entre essas operações e a estruturação dos valores morais).[82]

---

[82] Observemos, enfim, que, estudando, em grupos de crianças, as escolhas sociométricas, no sentido de J.-L. Moreno (*Fondements de la sociométrie*, Presses Universitaires de France, 1954) (mas independentemente das teorias um tanto aventurosas desse autor), B. Reymond-Rivier (*Choix sociométriques et motivations*, Delachaux & Niestlé, 1961) pôde mos-

VI — *Conclusão*

O que impressiona, no curso desse longo período de preparação e, depois, de constituição das operações concretas, é a unidade funcional (por ocasião de cada subperíodo) que liga num mesmo todo as reações cognitivas, lúdicas, afetivas, sociais e morais. Comparando-se, de fato, o subperíodo pré-operatório de 2 a 7-8 anos ao subperíodo de remate de 7-8 a 11-12 anos, assiste-se ao desenrolar de um grande processo de conjunto, que se pode caracterizar como passagem da centração subjetiva em todos os domínios à descentração a um tempo cognitiva, social e moral. E esse processo é tanto mais impressionante quanto reproduz e desenvolve em ponto grande, no nível do pensamento, o que já se constata, em ponto pequeno, no nível sensório-motor (cap. I, §§ II e IV).

A inteligência representativa estréia-se, com efeito, por uma centração sistemática na ação própria e nos aspectos figurativos momentâneos dos setores do real, nos quais se apóia; em seguida, resulta numa descentração, fundada nas coordenações gerais da ação, que permite constituir os sistemas operatórios de transformações e as invariantes ou conservações que liberam a representação do real de suas aparências figurativas ilusórias.

O jogo, domínio de interferência entre os interesses cognitivos e afetivos, principia, no decorrer do subperíodo de 2 a 7-8 anos, pelo apogeu do jogo simbólico, que é uma assimilação do real ao eu e a seus desejos, para evoluir em seguida na direção dos

---

trar nítida evolução nos motivos invocados para escolher os "líderes": enquanto os pequenos invocam razões parcialmente heterônomas (apreciação pelos professores, posição na escola etc.), os grandes recorrem, pelo contrário, a critérios que dependem nitidamente do segundo grupo de valores: ser justo, não "espionar", saber guardar segredo (entre as meninas) etc.

jogos de construção e de regras, que assinalam uma objetivação do símbolo e uma socialização do eu.

A afetividade, a princípio centrada nos complexos familiais, amplia a sua escala à proporção da multiplicação das relações sociais, e os sentimentos morais, a princípio ligados a uma autoridade sagrada mas que, por exterior, não chega a redundar senão em obediência relativa, evoluem no sentido de um respeito mútuo e de uma reciprocidade cujos efeitos de descentração são, em nossas sociedades, mais profundos e duráveis.

Enfim, as trocas sociais, que englobam o conjunto das reações precedentes, porque são todas, ao mesmo tempo, individuais e interindividuais, dão lugar a um processo de estruturação gradual ou socialização, que passa de um estado de não coordenação ou de não diferenciação relativa, entre o ponto de vista próprio e o dos outros, a um estado de coordenação dos pontos de vista e de cooperação nas ações e informações. Esse processo engloba todos os outros no sentido de que, quando, por exemplo, uma criança de 4-5 anos não sabe (o que é freqüente) que ela própria é irmã ou irmão de sua irmã ou de seu irmão, a ilusão de perspectiva interessa tanto à lógica das relações quanto à consciência do eu; e quando ela atingir o nível das operações, será, por isso mesmo, capaz de cooperações sem que se possa dissociar a causa do efeito nesse processo de conjunto.

CAPÍTULO V

O PRÉ-ADOLESCENTE E AS
OPERAÇÕES PROPOSICIONAIS

Essa unidade da conduta volta a encontrar-se no período de 11-12 a 14-15 anos, em que o sujeito consegue libertar-se do concreto e situar o real num conjunto de transformações possíveis. A última descentração fundamental, que se realiza no termo da infância, prepara a liberação do concreto em proveito de interesses orientados para o inatual e o futuro: idade dos grandes ideais ou do início das teorias, além das simples adaptações presentes ao real. Mas se muito se descreveu esse desenvolvimento afetivo e social da adolescência, nem sempre se compreendeu que a sua condição prévia e necessária é uma transformação do pensamento, que possibilita o manejo das hipóteses e o raciocínio sobre proposições destacadas da constatação concreta e atual.

É essa nova estrutura do pensamento que se constrói durante a pré-adolescência, e cumpre descrevê-la e analisá-la como estrutura, o que os autores de "testes" esquecem com muita freqüência, desprezando as características comuns e gerais em proveito das diversidades individuais. E só há um meio de atingir as estruturas como tais, é o de liberar-lhes os aspectos lógicos, o que não consiste em cair no logicismo mas simplesmente em servir-se de uma álgebra geral e qualitativa em lugar de (ou antes de) recorrer a uma quantificação estatística. A vantagem dessa álgebra reside, principalmente, em ministrar um quadro das potencialidades que pode utilizar um sujeito normal, ainda que nem todos as realizem todas e ainda que a sua atualização esteja sujeita a acelerações ou atrasos, conforme os meios escolares ou sociais.

O exame dessa estrutura ou dessas subestruturas próprias da pré-adolescência é tanto mais necessário a um quadro de conjunto da psicologia da criança quanto elas constituem, de fato, um resultado natural do prolongamento das estruturas sensóriomotoras (cap. I) e dos agrupamentos de operações concretas (cap. IV). Se as novas transformações conduzem, num sentido, ao termo da infância, nem por isso, entretanto, é menos essencial considerá-las aqui, visto que, ao mesmo tempo que abrem novas perspectivas sobre as idades ulteriores, representam um remate em relação aos períodos precedentes: com efeito, não se trata, absolutamente, de um simples pavimento que se superpõe a um edifício que não o comporta de maneira indispensável, senão de um conjunto de sínteses ou estruturações que, embora novas, prolongam direta e necessariameme as precedentes, porque preenchem algumas de suas lacunas.

I — *O pensamento formal e a combinatória*

É próprio das operações concretas apoiarem-se diretamente nos objetos ou nas suas reuniões (classes), nas suas relações ou na sua enumeração: a forma lógica dos juízos e raciocínios só se organiza, então, em conexão mais ou menos indissociável com os seus conteúdos, o que quer dizer que as operações funcionam somente em relação a constatações ou representações julgadas verdadeiras, e não em relação a simples hipóteses. A grande novidade do nível de que vamos tratar é, ao contrário, tornar-se o sujeito, por uma diferenciação da forma e do conteúdo, capaz de raciocinar corretamente sobre proposições em que não acredita ou em que ainda não acredita, isto é, que considera como puras hipóteses: torna-se, portanto, capaz de inferir as conseqüências necessárias de verdades simplesmente possíveis, o que constitui o início do pensamento hipotético-dedutivo ou formal.

1. *A combinatória.* — O primeiro resultado dessa espécie de desengate do pensamento em relação aos objetos é liberar as relações e as classificações de seus laços concretos ou intuitivos. Até aqui, tanto umas como outras estavam sujeitas à condição, de natureza essencialmente concreta, de curso que procedia gradualmente, em função de semelhanças graduadas, e mesmo numa classificação zoológica (pois estas permanecem no nível do "agrupamento"), não se podem extrair duas classes não contíguas, como a ostra e o camelo, para fazer delas uma nova classe "natural". Ora, com a liberação da forma em relação ao conteúdo, torna-se possível construir quaisquer relações e quaisquer classes, sejam elas quais forem, reunindo 1 a 1, ou 2 a 2, 3 a 3 etc. elementos quaisquer. Essa generalização das operações de classificação ou de relações de ordem redunda no que se denomina uma combinatória (combinações, permutações etc.), a mais simples das quais é constituída pelas operações de combinações propriamente ditas, ou classificação de todas as classificações.

Ora, a combinatória é de uma importância primordial na extensão e no reforço dos poderes do pensamento, pois, assim que se constitui, permite combinar entre si objetos ou fatores (físicos etc.), ou ainda idéias ou proposições (o que engendra uma nova lógica) e, por conseguinte, raciocinar, em cada caso sobre a realidade dada (um setor de real físico ou uma explicação fundada em fatores ou ainda uma teoria no sentido simples de conjunto de proposições ligadas) considerando essa realidade, não mais sob os seus aspectos limitados e concretos, mas em função de um número qualquer ou de todas as combinações possíveis, o que reforça consideravelmente os poderes dedutivos da inteligência.

2. *Combinações de objetos* — No que concerne às combinações de objetos, pode-se, por exemplo, pedir à criança que combine dois a dois, três a três etc., tentos coloridos, ou que os permute segundo as diversas ordens possíveis. Percebe-se então que, se essas combinações etc. permanecem sempre incompletas no nível das operações concretas porque o sujeito adota um método gradativo sem generalizar, ele consegue facilmente (a partir dos 12 anos para as combinações, um pouco mais tarde para as permutações) encontrar um método exaustivo no nível ora considerado, sem naturalmente descobrir fórmula alguma (o que não lhe é solicitado), mas destacando dele um sistema que toma em consideração todos os possíveis.[83]

3. *Combinações proposicionais*. — Falaremos da combinação dos fatores no § IV. No tocante à das idéias ou das proposições, é indispensável que nos reportemos à lógica simbólica ou algorítmica moderna, muito mais próxima do trabalho real do pensamento que a silogística de Aristóteles.[84]

---

[83] Semelhantemente, apresentam-se a ela cinco frascos *A-E*, que contêm apenas líquidos incolores; entretanto, a reunião de *A*, *C* e *E* produz uma coloração amarela, sendo *B* um descorante e *D* água pura (B. Inhelder e J. Piaget, *De la logique de l'enfant à la logique de l'adolescent*, Presses Universitaires de France, 1955). O problema apresentado à criança (com G. Noelding) é simplesmente, tendo visto a cor mas não a maneira de obtê-la, tornar a encontrá-la por uma combinação adequada e precisar os papéis de *B* e *D*. No nível de 7-11 anos, a criança procede, em geral, por combinações de 2 a 2, depois pula para uma tentativa dos 5 juntos. A partir dos 12 anos, em média, procede metodicamente, realizando todas as associações possíveis de 1, 2, 3, 4 e 5 elementos e, dessa maneira, resolve o problema.

[84] Seja p uma proposição, $\bar{p}$ sua negação, q outra proposição e $\bar{q}$ sua negação. Podem agrupar-se multiplicativamente, o que dá $p.q$ (por exemplo: este animal é um cisne e é branco), $\bar{p}.q$ (não é um cisne, mas é branco), $p.\bar{q}$ (é um cisne, mas não é branco) e $\bar{p}.\bar{q}$ (não é nem cisne nem branco). Ora, isto não é uma combinatória, porém simples "agrupamento" multiplicativo, acessível desde os 7 ou 8 anos (cap. IV, § I-4). Em compensação, dessas quatro associações multiplicativas, podem-se tirar 16 combinações tomando-as 0, 1 a 1, 2 a 2, 3 a

É evidente que a criança de 12-15 anos não lhes destaca as leis, como também não procura a fórmula das combinações para combinar os tentos. Mas o notável é que, no nível em que ela se torna capaz de combinar objetos, por um método exclusivo e sistemático, revela-se capaz de combinar idéias, ou hipóteses, em forma de afirmações e negações, e utilizar assim operações proposicionais até então desconhecidas dela; a implicação (se... então), a disjunção (ou... ou... ou os dois), a exclusão (ou... ou), a incompatibilidade (ou... ou... ou nem um nem outro), a implicação recíproca etc.

3, ou as 4 ao mesmo tempo. Se o sinal (.) exprime a conjunção e (v) a disjunção, tem-se, com efeito: 1) $p.q$; 2) $p.\bar{q}$; 3) $\bar{p}.q$; 4) $\bar{p}.\bar{q}$; 5) $p.q$ v $\bar{p}.\bar{q}$; 6) $p.\bar{q}$ v $\bar{p}.q$; 7) $p.q$ v $p.\bar{q}$; 8) $p.q$ v $p.q$ etc., ou seja, 1 associação a 0; 4 a 1; 6 a 2; 4 a 3; e 1 a 4 associações. Ora, acontece que essas 16 combinações (256 para 3 proposições etc.) constituem operações novas, todas distintas e que se podem chamar "proposicionais" porque consistem em combinar proposições do único ponto de vista de sua verdade e de sua falsidade. Por exemplo, se as quatro associações indicadas são todas verdadeiras, isto significa que não há relação necessária entre os cisnes e a brancura. Mas antes do descobrimento dos cisnes negros da Austrália, ter-se-ia dito que a associação p.q̄ é falsa: ficariam, portanto, "$p.q$ ou $\bar{p}.q$ ou $\bar{p}.\bar{q}$", isto é, uma implicação (cisne implica brancura, porque, se é cisne, é branco; mas um objeto pode ser branco sem ser cisne ($\bar{p}.\bar{q}$) ou não ser nem uma coisa nem outra ($\bar{p}.\bar{q}$)).

Observemos que essas operações proposicionais não se reduzem absolutamente a uma nova maneira de notar os fatos: constituem, ao contrário, verdadeira lógica do sujeito e uma lógica muito mais rica do que a das operações concretas. De um lado, com efeito, são as únicas que permitem um raciocínio formal baseado em hipóteses enunciadas verbalmente, como é o caso em toda discussão prolongada ou em toda exposição coerente. Em segundo lugar, aplicam-se aos dados experimentais e físicos, como o veremos nos §§ III e IV e são as únicas que permitem uma dissociação dos fatores (combinatória) e, portanto, a exclusão das hipóteses falsas (§ IV) e a construção de esquemas explicativos complexos (§ III). Em terceiro lugar, constituem, de fato, prolongamento e generalização das operações concretas, as únicas incompletas, pois uma combinatória não é outra coisa senão uma classificação de classificações e o grupo das duas reversibilidades (§ II) outra coisa não é senão a síntese de todos os agrupamentos: as operações proposicionais representam, portanto, de fato, operações à segunda potência, mas baseadas em operações concretas (visto que cada proposição já constitui, em seu conteúdo, o resultado de uma operação concreta).

II — O "grupo" das duas reversibilidades

A liberação dos mecanismos formais do pensamento, em relação ao conteúdo, não redunda apenas na constituição de uma combinatória, como acabamos de ver, senão na elaboração de uma estrutura fundamental, que marca, ao mesmo tempo, a síntese das estruturas anteriores de "agrupamentos" e o ponto de partida de uma série de progressos novos.

Os agrupamentos de operações concretas, cujas linhas mestras recordamos no § II, cap. IV, são de duas espécies e revelam duas formas essenciais de reversibilidade, que já constituem, nesse nível de 7 a 11 anos, o termo de longa evolução a partir dos esquemas sensório-motores e das regulações representativas pré-operatórias.

A primeira dessas formas de reversibilidade é a *inversão* ou negação, cuja característica reside em que a operação inversa, composta com a operação direta correspondente, redunda numa anulação: $+ A - A = O$. Ora, a negação remonta às formas mais primitivas de condutas: um bebê pode colocar diante de si um objeto, depois retirá-lo; desde que principia a falar, é capaz de dizer "não" antes mesmo de dizer "sim" etc. No nível das primeiras classificações pré-operatórias já saberá reunir um objeto a outros ou separá-lo deles etc. É a generalização e, sobretudo, a estruturação exata de tais condutas de inversão que caracterizarão as primeiras operações, com a sua reversibilidade estrita. A esse respeito, a inversão caracteriza os "agrupamentos" de classes, sejam aditivos (supressão de um objeto ou de um conjunto de objetos), sejam multiplicativos (o inverso da multiplicação de duas classes é a "abstração" ou supressão de uma interseção).[85]

A segunda das formas de reversibilidade é, em compensação, a *reciprocidade* ou simetria, cuja característica reside em que a operação inicial, composta com a sua recíproca, renda numa equivalência. Se, por exemplo, a

---

[85] Por exemplo, os melros brancos, abstraindo-se a brancura, ainda são melros.

operação inicial consiste em introduzir uma diferença entre A e B sob a forma $A < B$ e a operação recíproca consiste em anular essa diferença ou em percorrê-la em sentido contrário, chega-se à equivalência $A = A$ (ou se $A \leq B$ e $B \geq B$ então $A = B$). A reciprocidade é a forma de reversibilidade que caracteriza os agrupamentos de relação, mas origina-se também de condutas bem anteriores em forma de simetrias. Existem, assim, simetrias espaciais perceptivas ou representativas, simetrias motoras etc. No nível das regulações representativas pré-operatórias uma criança dirá que uma bolinha transformada em salsicha contém mais massa porque é mais comprida, mas se a encompridarmos cada vez mais, ela chegará, por reciprocidade (regulatória e não operatória), à idéia de que contém menos porque é fina demais.

Mas, no nível dos agrupamentos de operações concretas, essas duas formas possíveis de reversibilidade regem, cada qual, o seu domínio, os sistemas de classes ou de relações, sem construção de um sistema de conjunto que permita passar dedutivamente de um conjunto de agrupamentos a outro e compor entre si as transformações inversas e recíprocas. Em outras palavras, as estruturas de operações concretas, sejam quais forem os seus progressos em relação às regulações pré-operatórias, permanecem incompletas ou inacabadas e já vimos que a invenção da combinatória permite preencher uma de suas lacunas

No que concerne à reunião, num só sistema, das inversões e reciprocidades, ocorre conquista análoga e, aliás, solidária com a precedente.

De um lado, o desengate dos mecanismos formais, que se liberam dos conteúdos, condu-los naturalmente a liberarem-se dos agrupamentos que se processam gradativamente e a buscarem combinar inversões e reciprocidades. Por outro lado, a combinatória leva-os a superporem às operações elementares um novo sistema de operações, ou operações proposicionais (cujo conteúdo consiste em operações de classes, de relações ou de números, ao passo que a sua forma constitui uma combinatória que as sobrevoa): disso resulta, então, que, sendo combinatórias, as novas operações comportam todas as combinações, inclusive, precisamente as inversões e reciprocidades.

Mas a beleza do sistema novo, que então se impõe e demonstra o seu caráter de síntese ou remate (enquanto espera, naturalmente, ser integrado em sistemas mais amplos) é que não há simplesmente justaposição das inversões e reciprocidades, senão fusão operatória num todo único, no sentido de que cada operação será, a partir de então, *ao mesmo tempo*, a inversa de outra e a recíproca de uma terceira, o que dá quatro transformações: direta, inversa, recíproca e inversa da recíproca, sendo esta última, ao mesmo tempo, correlativa (ou dual) da primeira.

Tomemos como exemplo a implicação $p \supset q$ e coloquemo-nos na situação experimental de uma criança de 12 a 15 anos, que procura compreender as ligações entre fenômenos que não conhece, mas que analisa por meio das novas operações proporcionais de que dispõe, e não por tacteios ao acaso. Suponhamos, assim, que ela assista a certo número de movimentos e paradas de um móbil, parecendo estas últimas acompanhar-se do acendimento de uma lâmpada. A primeira hipótese que formulará é de que a luz é causa (ou indício da causa) das paradas, ou seja, $p \supset q$ (luz implica parada). Para controlar a hipótese, só há um meio: verificar se existem ou não acendimentos sem paradas, ou seja, $p.\bar{q}$ (operação inversa ou negação de $p \supset q$). Mas ela pode perguntar também a si mesma se o acendimento, em lugar de provocar a parada, não é desencadeado por ela, ou seja, $q \supset p$, que é, desta feita, a recíproca e não mais a inversa de $p \supset q$. Para controlar $q \supset p$ (parada implica luz), buscará o contra-exemplo, isto é, paradas sem acendimentos $\bar{p}.q$ (inversa de $q \supset p$, que, portanto, excluirá, se existirem). Ora, $\bar{p}.q$, que é a inversa de $q \supset p$, é, ao mesmo tempo, a correlativa de $p \supset q$, pois, se todas as vezes que há acendimento há parada ($p \supset q$) pode haver, nesse caso, paradas sem acendimentos. Da mesma forma, $p.q$, que é a inversa de $p \supset q$, é também a correlativa de $q \supset p$, pois se todas as vezes que há parada há acendimento ($q \supset p$), pode haver também, nesse caso, acendimentos sem paradas. Semelhantemente, se $q \supset p$ é a recíproca de $p \supset q$, entao $p.q$ o é também de $p.q$.

Vê-se, assim, que, sem conhecer nenhuma fórmula lógica, nem a fórmula dos "grupos" no sentido matemático (como também não a conhece o bebê quando descobre o grupo prático dos deslocamentos), o pré-adolescente de 12-15 anos será capaz de manipular transformações segundo as quatro possibilidades I (transformação idêntica), N (inversa), R (recíproca) e C (correlativa), ou seja, no caso de $p\,q$:

$$I = p \supset q; N = p.q; R = q \supset p \text{ e } C = p.q$$

Ora, $N = RC$; $R = NC$; $C = NR$ e $I = NRC$,[86] o que constitui um grupo de quatro transformações ou de quaternalidade, que reúne, num mesmo sistema, inversões e reciprocidades e, assim, realiza a síntese das estruturas parciais construídas, até então, no nível das operações concretas.

III — *Os esquemas operatórios formais*

Surge, por volta dos 11-12 anos, uma série de esquemas operatórios novos, cuja formação, mais ou menos síncrona, parece indicar a existência de uma ligação entre eles, mas cujo parentesco estrutural não percebe quem se coloca do ponto de vista da consciência do sujeito: tais são as noções de proporções, os sistemas duplos de referências, a compreensão de um equilíbrio hidrostático, certas formas de probabilidade etc.

---

[86] Isso significa que $N = (p.p)$ é a recíproca R de $C = (p.\,q)$; que $R = (p.\,q)$ é a inversa N da correlativa $(p.q)$ etc.

Ora, analisado, cada um desses esquemas mostra comportar, seja uma combinatória (mas raramente sozinha) seja, sobretudo, um sistema de quatro transformações, que depende do grupo de quaternalidade precedente e mostra a generalidade de seu emprego, posto que o sujeito não tenha, naturalmente, consciência da existência de estrutura como tal.

1. *As proporções.* — A relação entre o grupo matemático de quaternalidade e as proporções numéricas ou métricas é bem conhecida, mas o que se conhecia menos antes das pesquisas sobre o desenvolvimento da lógica na criança é, de um lado, o grupo de quaternalidade como estrutura interproposicional e, de outro, o fato de que a noção de proporção começa sempre sob uma forma qualitativa e lógica antes de se estruturar quantitativamente.

Ora, vê-se a noção de proporções surgir desde os 11-12 anos em domínios muito diferentes e sempre sob a mesma forma inicialmente qualitativa. Esses domínios são, entre outros, as proporções espaciais (figuras semelhantes), as velocidades métricas ($e/t = ne/nt$), as probabilidades ($x/y = nx/ny$), as relações entre pesos e comprimentos dos braços na balança etc.

No caso da balança, por exemplo, o sujeito chega, primeiro por via ordinal, a constatar que, quanto mais aumenta o peso tanto mais o braço se inclina e afasta da linha de equilíbrio: essas constatações conduzem-no a descobrir uma função linear e a compreender uma primeira condição de equilíbrio (igualdade dos pesos a distâncias iguais no meio). Descobre, igualmente por via ordinal, que um mesmo peso P faz tanto mais inclinar a balança quanto mais se afasta do ponto mediano do braço: infere daí, igualmente, uma função linear e a constatação de que se atinge o equilíbrio com dois pesos iguais quando se mantém iguais as suas distâncias L, sejam elas quais forem. O descobrimento da proporcionalidade inversa entre pesos e comprimentos obtém-se também, então, estabelecendo-se uma relação qualitativa entre essas duas funções, inicialmente ordinais. A compreensão começa quando a criança percebe que há equivalência de resultados toda vez que, de um lado, ela aumenta um peso sem alterar o comprimento e, de outro, aumenta o comprimento sem alterar o peso: disso deduz, depois, a hipótese (que verifica ordinalmente) de que, partindo de dois pesos iguais às mesmas distâncias do centro, conserva-se o equilíbrio diminuindo um, porém afastando-o, e aumentando o outro, porém aproximando-o do centro. É então, e só então, que chega às proporções métricas simples $\frac{P}{L} = \frac{2P}{2L}$ etc., mas só as descobre a partir da proporção qualitativa precedente, que se pode exprimir da seguinte maneira: diminuir o peso aumentando o comprimento equivale a aumentar o peso diminuindo o comprimento.[87]

2. *Sistemas duplos de referência.* — O mesmo ocorre com os sistemas duplos de referência. Se um caracol se desloca sobre uma pranchinha num sentido ou no outro e a própria pranchinha avança ou recua em relação a um ponto de referência exterior, a criança, no nível das operações concretas, compreende bem esses dois pares de operações diretas e inversas, mas não consegue compô-las entre si e antecipar, por exemplo, que o caracol, embora avançando, pode permanecer imóvel em relação ao ponto exterior, porque o movimento da prancha compensa, sem o anular, o do animal: assim que se atinge a estrutura de quaternalidade, a solução, ao contrário, é facilitada pela intervenção dessa compensação sem anulação que é a reciproci-

---

[87] Constata-se assim que o esquema da proporcionalidade é tirado diretamente do grupo de quaternalidade. O sujeito parte de duas transformações, cada uma das quais comporta uma inversa: aumentar ou diminuir o peso ou o comprimento (portanto + P e + L), depois descobre que a inversa de uma (diminuição de peso: − P) pode ser substituída pela inversa da outra (diminuição de comprimento: − L) que não é, portanto, idêntica à primeira inversa, mas produz o mesmo resultado por compensação e não mais por anulação: se + P é considerada como a operação inicial (I) e − P como a inversa (N), então − L é a recíproca (R) de + P e + L a sua correlativa (C). Pelo simples fato de estarmos em presença de dois pares de transformações diretas e inversas e de uma relação de equivalência (mas não de identidade), o sistema das proporções depende da quaternalidade sob a forma I/R = C/N (donde os produtos cruzados IN = RC).

de (R). Temos, portanto, desta feita, $I.R = N.C$ (onde (I), por exemplo, é a marcha para a direita do caracol (R), a marcha para a esquerda da prancha; (N), a marcha para a esquerda do caracol; e (C), a marcha para a direita da prancha).

3. *Equilíbrio hidrostático.* — Numa prensa hidráulica em forma de U, coloca-se, num dos braços, um pistão, cujo peso se pode aumentar ou diminuir, modificando o nível do líquido no outro braço; pode-se, por outro lado, modificar o peso específico do líquido (álcool, água ou glicerina) que subirá tanto mais quanto menos pesado for. O problema, aqui, é de compreender que o peso do líquido age em sentido contrário ao do pistão, como reação oposta à sua ação. É interessante notar que até cerca de 9-10 anos essa reação ou resistência do líquido não é compreendida como tal, mas o peso do líquido é concebido como se fosse acrescentado ao do pistão e agisse no mesmo sentido. Aqui, novamente, o mecanismo só é compreendido em função da estrutura de quaternalidade: se (I) = o aumento de peso do pistão e (N) = sua diminuição, então o aumento do peso específico do líquido é uma recíproca (R) em relação a (I), e sua diminuição uma correlativa (C).

4. *As noções probabilistas.* — Conjunto fundamental de esquemas operatórios, igualmente possibilitados pelas operações formais, é o das noções probabilistas que resultam de uma assimilação de acaso por essas operações. Com efeito, para julgar, por exemplo, da probabilidade de pares ou de trios tirados à sorte numa urna que encerra 15 bolas vermelhas, 10 azuis, 8 verdes etc., é preciso ser capaz de operações, duas das quais, pelo menos, são próprias do presente nível: uma combinatória que permite tomar em consideração todas as associações possíveis entre os elementos em jogo; e um cálculo de proporções, por mais elementar que seja, que permite compreender (o que escapa aos sujeitos dos níveis precedentes) que probabilidades como 3/9 ou 2/6 etc., são iguais entre si. Eis por que só no estádio que se inicia cerca dos 11-12

anos se compreendem essas probabilidades combinatórias ou noções como de flutuação, correlação ou mesmo de compensações prováveis com o aumento dos números. É particularmente impressionante, a esse respeito, verificar o caráter tardio da "lei dos grandes números", pois os jovens sujeitos não aceitam a previsão de uma uniformização das distribuições senão até certo limite (até o que se poderia denominar "pequenos grandes números").

IV — A indução das leis e a dissociação dos fatores

As operações proposicionais estão, naturalmente, muito mais ligadas do que as operações "concretas" a um manejo suficientemente preciso e móvel da linguagem, pois para manipular proposições e hipóteses, é preciso poder combiná-las verbalmente. Mas seria errôneo imaginar que só os progressos intelectuais do pré-adolescente e do adolescente são os assinalados por essa melhoria do discurso. Os exemplos escolhidos nos parágrafos anteriores mostram já que os efeitos da combinatória e da dupla reversibilidade se fazem sentir na conquista do real tão bem quanto na da formulação.

Mas há um aspecto notável do pensamento desse período, sobre o qual se insistiu muito pouco porque a formação escolar usual lhe negligencia quase totalmente a cultura (com desprezo das exigências técnicas e científicas mais evidentes da sociedade moderna): a formação espontânea de um espírito experimental, impossível de constituir-se no nível das operações concretas, mas que a combinatória e as estruturas proposicionais tornam, de agora em diante, acessível aos sujeitos, bastando para isso que se lhes forneça a ocasião. Eis aqui dois exemplos.

I. *A elasticidade*. — A técnica utilizada por um de nós consistiu em apresentar aos sujeitos dispositivos físicos, tratando-se de descobrir as leis de funcionamento que eles põem em jogo; mas as situações escolhidas são tais que vários fatores possíveis intervêm, entre os quais importa escolher os que desempenham um papel efetivo. Uma vez que a criança se entregou a essa indução mais ou menos complexa, pede-se-lhe que forneça, com detalhes, a prova de suas afirmações e, sobretudo, a prova do papel positivo ou nulo de cada um dos fatores espontaneamente enumerados. O pesquisador encontra-se, assim, em condições de julgar, observando sucessivamente o comportamento indutivo e a conduta da verificação, se o sujeito chega a um método experimental suficiente, por dissociação dos fatores e variação respectiva de cada um deles, neutralizando os demais.

Por exemplo, apresenta-se ao sujeito um conjunto de hastes metálicas que ele mesmo pode fixar numa das extremidades e o problema consiste em achar as razões das diferenças de flexibilidade. Os fatores em jogo nesse material são o comportamento das hastes, a sua espessura, a forma de sua seção e a matéria de que são feitas (neste caso: aço e latão, cujos módulos de elasticidade são bem distintos). No nível das operações concretas, o sujeito não procura fazer um inventário prévio dos fatores, mas passa diretamente à ação métodos de seriação e correspondência serial: examina as hastes cada vez mais longas e verifica se são cada vez mais flexíveis etc. Em caso de interferência entre dois fatores, o segundo é analisado por seu turno pelo mesmo método, mas sem dissociação sistemática.

No nível da própria prova, vêem-se ainda sujeitos de 9 a 10 anos escolher uma haste longa e fina e outra curta e espessa para demonstrar o papel do comprimento, porque assim, nos diz um menino de 9 anos e meio, "vê-se melhor a diferença"! Desde os 11-12 anos, ao contrário (com etapa de equilíbrio aos 14-15 anos), o sujeito, após alguns tacteios, faz a sua lista de fatores a título hipotético, estuda-os depois um a um, mas dissociando-se dos outros, o que quer dizer que faz variar um só de cada vez permanecendo iguais todas as outras coisas: escolhe, por exemplo, duas hastes da mesma largura, da mesma forma de seção, quadrada, retangular ou redonda, da mesma substância, e só faz variar o comprimento. Esse método, que se generaliza cerca dos 13-14 anos, é tanto mais notável quanto não é absolutamente aprendido nos sujeitos examinados até aqui. Se ele não é transmitido escolarmente (e, se o fosse, seria preciso ainda que fosse assimilado pelos instrumentos lógicos necessários), é porque resulta diretamente das estruturas próprias das operações proposicionais. Ora, é bem esse o caso. De um lado, de modo geral, a dissociação dos fatores supõe uma combinatória: fazê-los variar um a um (o que basta aqui, onde todos desempenham papel positivo), dois a dois etc.

Por outro lado, num sistema complexo de influências, as operações concretas de classificações, seriações, correspondências, medidas etc. não bastam e cumpre introduzir as ligações novas de implicações, disjunções, exclusões etc., que dependem das operações proposicionais e supõem, ao mesmo tempo, uma combinatória e coordenações de inversão e reciprocidade (quaternalidade).

2. *O pêndulo*. — O segundo exemplo permite compreender essa inevitável complexidade lógica, assim que a experiência inclui uma mistura de fatores *reais* e *aparentes* (não foi sem razão que a física experimental andou vinte séculos atrasada em relação à formação das matemáticas e da lógica). Trata-se de um pêndulo, a freqüência de cujas oscilações se pode fazer variar modificando o comprimento do fio, ao passo que o peso suspenso na extremidade do fio, a altura de queda e o impulso inicial não desempenham papel algum. Ora, aqui também, o sujeito do nível das operações concretas faz variar tudo ao mesmo tempo e, persuadido de que a variação dos pesos desempenha algum papel (como, aliás, quase todos os adultos que não são físicos), não consegue excluí-la, ou só o consegue com muita dificuldade, pois, modificando ao mesmo tempo o comprimento do fio e o peso encontra, em geral, boas razões a seus olhos para justificar a ação deste último. Ao contrário, dissociando os fatores como se viu (§ I), o préadolescente constata que o peso pode variar sem modificar a freqüência de oscilação e vice-versa, o que acarreta a exclusão do fator peso; e acontece o

mesmo com a altura de queda e o impulso que o sujeito pode imprimir ao móbil no início.[88]

V — *As transformações afetivas*

Durante muito tempo se consideraram as novidades afetivas próprias da adolescência, e em preparação desde a fase de 12 a 13 anos, como se dependessem, antes de tudo, de mecanismos inatos e quase instintivos, o que admitem ainda, com freqüência, os psicanalistas quando centram as suas interpretações desses níveis na hipótese de uma "reedição do Édipo". Na realidade, o papel dos fatores sociais (no duplo sentido da socialização e das transmissões culturais) é bem mais importante e é favorecido, mais do que se cuidou, pelas transformações intelectuais que acabamos de tratar.

Com efeito, a diferença essencial entre o pensamento formal e as operações concretas é que estas estão centradas no real, ao passo

---

[88] É inútil fornecer outros fatos da mesma ordem, mas pode ser interessante assinalar que os primórdios da indução experimental conduzem, guardadas todas as proporções, a raciocínios análogos aos dos primórdios da física de Galileu. Aristóteles concebia a indução como simples generalização amplificadora, o que não lhe permitiu conduzir a sua física tão longe quanto a sua lógica (não passou, no tocante à noção de velocidade, de operações puramente concretas). Os empiristas seguiram-no, vendo na indução simples registro dos dados da experiência, sem compreender o papel fundamental de estruturação do real que desempenham as operações lógico-matemáticas e notadamente as estruturas formais dos níveis de que aqui nos ocupamos. Ora, essa estruturação vai, à primeira vista, tão longe que permite a certos sujeitos (não dizemos todos, mas já o observamos com freqüência) entreverem essa forma de conservação, impossível de se constatar em estado puro nos fatos, que é o princípio de inércia, modelo de interpretação dedutiva e teórica. Analisando os movimentos, num plano horizontal, de diferentes bolas de peso e volume variáveis, esses sujeitos constatam que as suas paradas são função da resistência do ar, do atrito etc.: se p é a afirmação da parada, q, r, s ... a dos fatores em jogo (e v o símbolo da disjunção), temos: $(p) \supset (q \lor r \lor s...)$. Disso concluem, então, que, se se suprimissem esses fatores, já não haveria parada: $(\bar{p}. \bar{r}. \bar{s}...) \supset \bar{p}$. Há aí, portanto, um esboço de intuição do movimento inercial, devido à simples reversibilidade das operações proposicionais nascentes.

que aquele atinge as transformações possíveis e só assimila o real em função desses desenvolvimentos imaginados ou deduzidos. Ora, tal mudança de perspectiva é tão fundamental do ponto de vista afetivo quanto do ponto de vista cognitivo, pois o mundo dos valores também pode permanecer aquém das fronteiras da realidade concreta e perceptível ou, ao contrário, abrir-se para todas as possibilidades interindividuais ou sociais.

Sendo a adolescência (15-18 anos) a idade da inserção do indivíduo na sociedade adulta, muito mais ainda que a idade da puberdade (atualmente 13 anos, mais ou menos, entre as meninas e 15 entre os meninos), a pré-adolescência caracteriza-se, ao mesmo tempo, por uma aceleração do crescimento fisiológico e somático e por esse abrir-se dos valores às possibilidades novas, para as quais já se prepara o sujeito, porque consegue antecipá-las, mercê dos novos instrumentos dedutivos.

Importa, com efeito, observar que cada nova estrutura mental, ao integrar as precedentes, consegue, ao mesmo tempo, liberar em parte o indivíduo do passado e inaugurar atividades novas, que, no nível presente, são essencialmente orientadas para o futuro. Ora, a psicologia clínica e, sobretudo, a psicanálise, cuja moda domina atualmente, muitas vezes não vêem na afetividade senão um jogo de repetições ou analogias com o passado (reedição do Édipo ou do narcisismo etc.). A. Freud[89] e E. Erikson[90] insistiram fartamente nas "identificações sucessivas", em que os mais velhos fazem o papel de modelos e liberam escolhas infantis, com o perigo, aliás, de uma "difusão de identidade" (Erikson), mas o que pouco viram foi o papel da autonomia concreta adquirida durante a segunda infância (cap. IV, § V) e, sobretudo, o papel das construções cognitivas que permitem a antecipação do futuro e o franquear dos valores novos, de que há pouco falávamos.

---

[89] A. Freud, *Le moi et les mécanismes de défense*, Presses Universitaires de France.
[90] E. Erikson, *Enfance et société*, Delachaux & Niestlé.

A autonomia moral, que principia no plano interindividual no nível de 7 a 12 anos, adquire, de fato, com o pensamento formal, uma dimensão a mais no manejo do que se poderia denominar os valores ideais ou supra-individuais. Um de nós estudando outrora com A. M. Weil[91] o desenvolvimento da idéia de pátria, constatou que esta não assumia valor afetivo adequado senão no nível dos 12 anos para cima. O mesmo ocorre com a idéia de justiça social ou com os ideais racionais, estéticos ou sociais. Em função de tais valores, as decisões que se hão de tomar, em oposição ao adulto ou de acordo com ele, notadamente na vida escolar, têm um alcance muito maior do que nos grupinhos sociais do nível das operações concretas.

Quanto às possibilidades que abrem os valores novos são claras no próprio adolescente, que apresenta a dupla diferença, em relação à criança, de ser capaz de construir teorias e preocupar-se com a escolha de uma carreira que corresponda a uma vocação e lhe permita satisfazer as necessidades de reformação social e criação de idéias novas. O pré-adolescente não está nesse nível, mas inúmeros indícios revelam, na fase de transição, o princípio do jogo de construção de idéias ou de estruturação de valores ligados a projetos de futuro. Infelizmente existem poucos estudos sobre o assunto.[92]

---

[91] J. Piaget e A. M. Weil, "O desenvolvimento, na criança, da idéia de pátria e das relações com o exterior", *Bull. International des Sciences Sociales, Unesco*, t. III, 1951, pp. 605-621.

[92] A razão, entre outras, é porque sabemos muito bem hoje em dia o quanto os resultados dos estudos conhecidos sobre a adolescência (Stanley Hall, Mendousse, Spranger, Ch. Büller, Debesse etc.) são relativos às nossas sociedades e ainda a certas classes sociais, a ponto de se poder perguntar se as "crises" freqüentemente descritas não são espécies de artefatos sociais. M. Mead em Samoa, Malinowski entre os trobrianos da Nova Guiné não encontraram as mesmas manifestações afetivas, e Schelsky, na sua pesquisa sobre *Die skeptische Generation*, mostra as suas transformações em nossas próprias sociedades. Fator sociológico essencial é, por outro lado, a valorização de que são objeto da própria sociedade adulta o adolescente e o pré-adolescente: quantidades desprezíveis nas sociedades conservadoras, é o homem de amanhã nos países em plena evolução e é evidente que esses fatores, acrescentando-se às valorizações familiais, desempenham papel essencial nessa evolução complexa.

CONCLUSÃO

OS FATORES DO DESENVOLVIMENTO MENTAL

O desenvolvimento mental da criança surge, em síntese, como sucessão de três grandes construções, cada uma das quais prolonga a anterior, reconstruindo-a primeiro num plano novo para ultrapassá-la em seguida, cada vez mais amplamente. Isto já é verdadeiro em relação à primeira, pois a construção dos esquemas sensório-motores prolonga e ultrapassa a das estruturas orgânicas no curso da embriogenia. Depois a construção das relações semióticas, do pensamento e das conexões interindividuais interioriza os esquemas de ação, reconstruindo-os no novo plano da representação e ultrapassa-os, até constituir o conjunto das operações concretas e das estruturas de cooperação. Enfim, desde o nível de 11-12 anos, o pensamento formal nascente reestrutura as operações concretas, subordinando-as a estruturas novas, cujo desdobramento se prolongará durante a adolescência e toda a vida ulterior (com muitas outras transformações ainda).

Essa integração de estruturas sucessivas, cada uma das quais conduz à construção da seguinte, permite dividir o desenvolvimento em grandes períodos ou estádios e em subperíodos ou subestádios, que obedecem aos critérios seguintes: 1) a ordem de sucessão é constante, embora as idades médias que os caracterizam possam variar de um indivíduo para outro, conforme o grau de inteligência, ou de um meio social a outro. O desenrolar dos estádios é, portanto, capaz de motivar acelerações ou atrasos, mas a ordem de sucessão permanece constante nos domínios (operações etc.) em que se pode falar desses estádios; 2) cada estádio é caracterizado por uma estrutura de conjunto em função da qual se explicam as principais reações particulares. Não seria possível, portanto, que a gente se contentasse com uma referência a elas ou se limitasse a apelar para a predominância de tal ou qual caráter (como é o caso dos estádios de Freud ou de Wallon); 3) as estruturas de conjunto são integrativas e não se substituem umas às outras: cada uma resulta da precedente, integrando-o na qualidade de estrutura subordinada, e prepara a seguinte, integrando-se a ela mais cedo ou mais tarde.

O grande problema que suscitam a existência de tal desenvolvimento e a direção integrativa que nele se pode reconhecer *a posteriori* é, então, de compreender-lhe o mecanismo. Esse problema prolonga, aliás, o que colocam os embriologistas quando perguntam a si mesmos em que medida a organização ontogenética resulta de uma pré-formação ou de uma epigenesia e quais são os seus processos de ordem causal. Basta dizer que ainda nos encontramos nas soluções provisórias e que as teorias explicativas do futuro só serão satisfatórias quando alcançarem integrar, numa totalidade harmoniosa, as interpretações da embriogenia, do crescimento orgânico e do desenvolvimento mental.

Entrementes, temos de contentar-nos com a discussão dos quatro fatores gerais estabelecidos até agora para a evolução mental.

1) O crescimento orgânico e, especialmente, a maturação do complexo formado pelo sistema nervoso e pelos sistemas endócrinos. Não há dúvida, com efeito, de que certo número de condutas depende, mais ou menos diretamente, dos primórdios do funcionamento de alguns aparelhos ou circuitos: é o caso da coordenação da visão e da preensão cerca dos 4,5 meses (Tournay); as condições orgânicas da percepção só se encontram plenamente realizadas na adolescência, ao passo que o funcionamento retiniano é

muito precoce (cap. II, § I, em nota); a maturação desempenha um papel durante todo o crescimento mental.

Mas que papel é esse? Cumpre notar, em primeiro lugar, que lhe conhecemos ainda muito mal os pormenores e não sabemos, em particular, quase nada das condições de maturação que possibilitam a constituição das grandes estruturas operatórias. Em segundo lugar, nos pontos de que temos informações, vemos que a maturação consiste, essencialmente, em abrir possibilidades novas e constitui, portanto, condição necessária do aparecimento de certas condutas, mas sem fornecer as condições suficientes, pois continua a ser igualmente indispensável que as possibilidades assim abertas se realizem e, para isso, que a matutação seja acrescentada de um exercício funcional e de um *mínimo* de experiência. Em terceiro lugar, quanto mais as aquisições se afastam das origens sensório-motoras tanto mais variável é a sua cronologia, não na ordem de sucessão, porém nas datas de aparecimento: esse fato basta para mostrar que a maturação está cada vez menos só nessa tarefa e que as influências do meio físico ou social crescem de importância.

Numa palavra, se a maturação orgânica constitui, sem dúvida, fator necessário, que desempenha, principalmente, papel indispensável na ordem invariante de sucessão dos estádios não explica todo o desenvolvimento e não representa senão um fator entre outros.

2) Um segundo fator fundamental é o papel do exercício e da experiência adquirida na ação efetuada sobre os objetos (por oposição à experiência social). Esse fator é também essencial e necessário, até na formação das estruturas lógico-matemáticas. Mas é um fator complexo, e não explica tudo, apesar do que dele diz o empirismo. É complexo, porque existem dois tipos de experiência: *a)* a experiência física, que consiste em agir sobre os objetos para deles abstrair as propriedades (por exemplo, comparar dois pesos independentemente dos volumes); *b)* a experiência lógico-matemática, que consiste em agir sobre os objetos, mas para conhecer o resultado da coordenação das ações (por exemplo, quando uma criança de 5-6 anos descobre empiricamente que a soma de um conjunto é independente da ordem

espacial dos elementos ou de sua enumeração). Nesse último caso, o conhecimento é abstraído da ação (que ordena ou reúne) e não dos objetos, de tal sorte que a experiência constitui simplesmente a fase prática e quase motora do que será a dedução operatória ulterior: o que já não tem relação alguma com a experiência no sentido de ação do meio exterior porque se trata, ao contrário, de ação construtora exercida pelo sujeito sobre os objetos exteriores. Quanto à experiência física, nada tem de simples registro de dados, mas constitui uma estruturação ativa, porque é sempre *assimilação* a quadros lógico-matemáticos (a comparação de dois pesos supõe o estabelecimento de "relações", portanto a construção de uma forma lógica). Ora, todo o presente trabalho põe de manifesto, uma vez mais, que a elaboração das estruturas lógico-matemáticas (do nível sensório-motor ao pensamento formal) precede o conhecimento físico: o objeto permanente (cap. I, § II) já é solidário com o "grupo" dos deslocamentos, como a variação dos fatores físicos (cap. V, § IV) o é com uma combinatória e com o "grupo" de quaternalidade. Ora, as estruturas lógico-matemáticas são devidas à coordenação das ações do sujeito e não às pressões do objeto físico.

3) O terceiro fator fundamental, mas também insuficiente por si só, é o das interações e transmissões sociais. Embora necessário e essencial, é insuficiente pelas mesmas razões que acabamos de recordar a propósito da experiência física. De um lado, a socialização é uma estruturação, para a qual o indivíduo contribui tanto quanto dela recebe: donde a solidariedade e o isomorfismo entre as "operações" e a "cooperação" (numa ou duas palavras). Por outro lado, mesmo no caso das transmissões, nas quais o sujeito parece mais receptivo, como a transmissão escolar, a ação social é ineficaz sem uma assimilação ativa da criança, o que supõe instrumentos operatórios adequados.

4) Mas três fatores desarmônicos não fazem uma evolução dirigida, e de direção tão simples e regular quanto a de nossas três grandes estruturas sucessivas. Dado o papel do sujeito e das coordenações gerais da ação, nessa evolução, poder-se-ia então pensar num plano preestabelecido num modo

apriorístico ou segundo uma finalidade interna. Mas um plano *a priori* não poderia realizar-se biologicamente senão pelos mecanismos do inatismo e da maturação: ora, já lhes conhecemos a insuficiência para explicar todos os fatos. Quanto à finalidade, trata-se de uma noção subjetiva, e uma evolução dirigida (isto é, que segue uma direção, nada mais) não supõe, necessariamente, um plano preestabelecido: exemplo, a marcha para o equilíbrio da entropia em termodinâmica. No caso do desenvolvimento da criança, não há plano preestabelecido, senão uma construção progressiva tal que cada inovação só se torna possível em função da precedente. Poder-se-ia dizer que o plano preestabelecido é fornecido pelo modelo do pensamento adulto, mas a criança não o compreende antes de havê-lo reconstruído e ele mesmo é a resultante de uma construção não interrompida, devida a uma sucessão de gerações, cada uma das quais passou pela infância: a explicação do desenvolvimento deve, portanto, tomar em consideração essas duas dimensões, uma ontogenética e outra social, no sentido da transmissão do trabalho sucessivo das gerações, mas o problema se coloca em termos parcialmente análogos nos dois casos, pois num e noutro a questão central é a do mecanismo interno de todo construtivismo.

Ora, tal mecanismo interno (mas sem redução possível ao só inatismo e sem plano preestabelecido porque há construção real) é, de fato, observável por ocasião de cada construção parcial e de cada passagem de um estádio ao seguinte: é um processo de equilibração, não no sentido de simples equilíbrio de forças, como em mecânica, ou de aumento de entropia, como em termodinâmica, mas no sentido, hoje preciso graças à cibernética, de auto-regulação, isto é, de seqüência de compensações ativas do sujeito em resposta às perturbações exteriores e de regulagem ao mesmo tempo retroativa (sistemas de anéis ou *feedbacks*) e antecipadora, que constitui um sistema permanente de tais compensações.

Ter-se-á, talvez, a impressão de que esses quatro grandes fatores explicam, essencialmente, a evolução intelectual e cognitiva da criança e importa, portanto, considerar à parte o desenvolvimento da afetividade e da motivação. Sustentar-se-á até, eventualmente, que os fatores dinâmicos fornecem a chave de todo o desenvolvimento mental, e são, afinal de contas, as necessidades de crescer, afirmar-se, amar e ser valorizado que constituem os motores da própria inteligência, tanto quanto das condutas em sua totalidade e em sua crescente complexidade.

Vimo-lo mais de uma vez, a afetividade constitui a energética das condutas, cujo aspecto cognitivo se refere apenas às estruturas. Não existe, portanto, nenhuma conduta, por mais intelectual que seja, que não comporte, na qualidade de móveis, fatores afetivos; mas, reciprocamente, não poderia haver estados afetivos sem a intervenção de percepções ou compreensão, que constituem a sua estrutura cognitiva. A conduta é, portanto, una, mesmo que as estruturas não lhes expliquem a energética e mesmo que, reciprocamente, esta não tome aquelas em consideração: os dois aspectos afetivo e cognitivo são, ao mesmo tempo, inseparáveis e irredutíveis.

É, então, precisamente, essa unidade da conduta que torna os fatores de evolução comuns aos dois aspectos, cognitivo e afetivo, e a sua irredutibilidade em nada exclui um paralelismo funcional, impressionante até nas minúcias (vimo-lo a propósito das "relações objetais", das ligações interindividuais ou dos sentimentos morais). Os sentimentos comportam, com efeito, indiscutíveis raízes hereditárias (ou instintivas) sujeitas a maturação. Diversificam-se no decorrer da experiência vivida. Enriquecem-se fundamentalmente através da troca interindividual ou social. Mas além desses três fatores, comportam, por certo, conflitos ou crises e reequilibrações, pois toda a formação da personalidade é dominada pela procura de certa coerência e de uma organização de valores que exclui os despedaçamentos interiores (ou busca-os, mas para tirar deles novas perspectivas sistemáticas, como a da "ambigüidade" e outras sínteses subjetivas). Sem precisar recordar o funcionamento dos sentimentos morais, com o seu equilíbrio normativo tão vizinho das estruturas operatórias, não se pode, portanto, interpretar o desenvolvimento da vida afetiva e das motivações sem insistir no papel capital das auto-regulações, cuja importância, aliás, embora sob nomes diversos, foi destacada por todas as escolas.

Essa interpretação permite atacar vivamente o conjunto dos fatos conhecidos, primeiro porque é necessária a equilibração para conciliar as contribuições da maturação, da experiência dos objetos e da experiência social. Vimos, a seguir, desde o § III, cap. I, que as estrututas sensóriomotoras se desenvolvem passando de ritmos iniciais a regulações e, destas, a um esboço de reversibilidade. Ora, as regulações dependem diretamente do modo aqui considerado, e toda a evolução ulterior (quer se trate do pensamento ou da reciprocidade moral, quer da equilibração própria da cooperação) é um progresso contínuo, que conduz as regulações à reversibilidade e a uma extensão não interrompida desta última. Quanto à reversibilidade, esta não passa de um sistema completo, ou seja, inteiramente equilibrado, de compensações, tais que a cada transformação corresponde a possibilidade de uma inversa ou de uma recíproca.

A equilibração por auto-regulação constitui, assim, o processo formador das estruturas que descrevemos e cuja constituição a psicologia da criança nos permite seguir passo a passo, não no abstrato, mas na dialética viva e vivida dos sujeitos que se acham às voltas, em cada geração, com problemas incessantemente renovados para redundar às vezes, afinal de contas, em soluções que podem ser um pouquinho melhores do que as das gerações precedentes.

BIBLIOGRAFIA SUMÁRIA

Traité de psychologie expérimentale, de P. Fraisse e J. Piaget: Fascículo VI, *La perception*, Presses Universitaires de France, 1963. Fascículo VII, *L'intelligence*, Presses Universitaires de France, 1963.

L. CARMICHAEL, *Manuel de psychologie de l'enfant*, prefácio à tradução francesa, R. Zazzo, Presses Universitaires de France, 1952.

A. FREUD, *Le moi et les mécanismes de la défense*, Presses Universitaires de France, 1949.

TH. GOUIN-DÉCARIE, *Intelligence et affectivité chez le jeune enfant*, Delachaux & Niestlé, 1962.

B. INHELDER e J. PIAGET, *De la logique de l'enfant à la logique de l'adolescent*, Presses Universitaires de France, 1955.

M. LAURENDEAU e A. PINARD, *La pensée causale chez l'enfant*, Presses Universitaires de France, 1962.

G.-H. LUQUET, *Le dessin enfantin*, Presses Universitaires de France, 1927.

J. Piaget, *Le jugement moral chez l'enfant*, 1932, 2ª ed., Presses Universitaires de France, 1957.

———— *La construction du réel chez l'enfant*, 1937. Delachaux & Niestlé, 2ª ed., 1950.

———— *La formation du symbole chez l'enfant*, 1945, Delachaux & Niestlé, 2ª ed., 1964.

———— e B. Inhelder, *Le développement des quantités physiques chez l'enfant*, Delachaux & Niestlé, 1941, 2ª ed. aumentada, 1962.

———— e B. Inhelder, *L'image mentale chez l'enfant*, Presses Universitaires de France, 1966.

B. Spitz, *La première année de la vie de l'enfant; Genèse des premières relations objectales*, Presses Universitaires de France, 1958.

H. Wallon, *Les origines du caractère*, Presses Universitaires de France, 2ª ed., 1949.

Este livro foi composto na tipografia
Minion Pro, em corpo 10/13,8, e impresso em
papel offset no Sistema Digital Instant Duplex
da Divisão Gráfica da Distribuidora Record.